» Einmal im Jahr solltest du einen Ort besuchen, an dem du noch nie warst. «

Dalai Lama

STEFAN NIMMESGERN

Die Inseln des EWIGEN FRÜHLINGS

Einzigartige Naturlandschaften auf den Kanaren und Madeira

MIT TEXTEN VON SUSANNE LIPPS

FREDERKING & THALER

Inhalt

NICHT EINMAL DIE ZUFAHRTSSTRASSE zum Nationalpark Timanfaya auf Lanzarote kann die stille und zu Stein erstarrte Natur der Feuerberge nachhaltig stören. △△

EINSAMER KANN EIN TRAUMSTRAND NICHT SEIN: 22 Kilometer Allradpiste führen zur Playa de Cofete auf Fuerteventura. Kein Hotel, kein Imbiss weit und breit. Und in der Ferne nur die bis zu 800 Meter hohen Berge von Jandía an denen die Wolken hängen bleiben. △

DEN REGENWALD VON LOS TILOS auf La Palma mit seiner einzigartigen Vegetation bestaunt man am besten vom Mirador del Espigón Atravesado aus.

AUF DEM WEG ZUM LAGOA DO VENTO auf Madeira kann man diesen wunderschönen Wasserfall bestaunen, der sich über eine Felswand in eine Gumpe am Ursprung der Levada do Alecrim ergießt und diesen kleinen Kanal speist. ▽

IHRE MAGISCHE SCHÖNHEIT offenbaren die Dünen von Maspalomas auf Gran Canaria am bezauberndsten, wenn die Sonne am frühen Morgen gerade eben über ihre sandigen Kämme streicht. ▽▽

» Wie anziehend, wie fesselnd sind doch Meer und Strand! Wie verliert man sich in ihrer Einfachheit, ja, in ihrer Seele! «

Walt Whitman

UNWEIT DES KLEINEN STÄDTCHENS PLAYA BLANCA auf Lanzarote lädt der Papagayo-Strand zum Schwimmen und Schnorcheln ein. Den Weg dorthin muss man sich aber zuvor über eine holprige Staubpiste erarbeiten.

IM SEPTEMBER 2021 wurde an der Cumbre Vieja auf La Palma ein neuer Vulkan geboren. Viele Wochen spie das Monster Feuer und Asche über die Insel. Als Ergebnis entstand aus der herabfließenden Lava eine neue Halbinsel im Meer. ▽▽

BEI ACHADAS DA CRUZ befindet sich eine der schönsten Steilküsten im Norden Madeiras.

Atemberaubende Schönheit

Gibt es sie wirklich: Eine Inselwelt, die alles bietet, was man sich erträumen kann? Die in bizarre Landschaften entführt, uns unter rauschenden Wasserfällen baden lässt und an weißen Sandstränden die ersehnte Ruhe schenkt? Wo wir von freundlichen Menschen mit exotischen Früchten und leckeren Speisen verwöhnt werden – bei mehr als angenehmen Temperaturen das ganze Jahr hindurch? Gibt es Inseln, die Wüsten mit gelben Dünen oder schwarzer Lava, Mondlandschaften und Regenwälder beherbergen? Mit schroffen Felsen, üppig bewachsen von tropischen Pflanzen, bei deren Anblick man sich in der Südsee wähnt, obwohl man doch eigentlich im wohl behüteten Europa Urlaub macht, nur wenige Flugstunden von den meisten Städten dort entfernt – was ja auch noch die Klimabilanz verbessert?

Dieser Mikrokosmos existiert tatsächlich: die Makaronesischen Inseln, auch »Inseln des ewigen Frühlings« genannt. Sie bilden ein Archipel im östlichen Zentralatlantik. Obwohl die einzelnen Eilande sehr weit auseinander liegen, gibt es eine Reihe von Gemeinsamkeiten in der Flora und Fauna. Außerdem sind sie alle vulkanischen Ursprungs. Zu Makaronesien zählen die Azoren, Madeira, die Sebaldinen, die Kanaren und die Kapverden. Letztere sind als Einzige unabhängig, bilden also einen eigenen Staat. Die anderen Inselgruppen, alle vor der Nordwestküste Afrikas gelegen, sind Teil der EU: Die Kanaren zählen als autonome Gemeinschaft zu Spanien, der Rest gehört politisch zu Portugal.

Als Reisender und Fotograf verschlug es mich in der Vergangenheit häufig in entlegenste und unzugänglichste Gebiete auf unserem Blauen Planeten. Vor lauter Sehnsucht nach der Ferne blieb mir lange Zeit hindurch das Nähere verborgen. Einzig dem sportlichen Ehrgeiz meiner Frau ist es zu verdanken, dass es mich – damals eher als Assistent einer Sportlerin denn als Fotograf – auf eine der Kanarischen Inseln verschlug. Anlass war der berühmte Ironman Lanzarote, »The World's Toughest Ironman«. Seitdem habe ich diese Inselwelt immer wieder bereist, ihre einzigartigen Landschaften und vielfältigen Urlaubs- und auch Sportmöglichkeiten genossen. Madeira ist mittlerweile meine zweite Heimat geworden.

Ich möchte Ihnen den zentralen Teil der Makaronesischen Inseln, die Kanaren und Madeira, mit diesem Bildband näherbringen. Und Erlebnisse und Begegnungen mit Ihnen teilen, die für mich unvergesslich sind. Vielleicht entdecken Sie bei Ihren Abenteuern auf den Inseln ja auch ganz eigene Dinge, die mir bisher verborgen blieben. Die Welt dort ist größer als jedes Buch es sein kann. ■ S.N.

» Lasst uns alle miteinander reisen
wie Wasser, das in eine Richtung fließt. «

Hawaiianische Lebensweisheit

VOLLER WUNDER

Gran Canaria

Wenn der Name Gran Canaria fällt, denken die meisten Reisenden für gewöhnlich an die Dünen von Maspalomas im Süden. Dieses rätselhafte Naturwunder hat die drittgrößte der Kanarischen Inseln weltberühmt gemacht. Aber hier begeistert weit mehr als Sandwüste und weiße Strände. Steht man beispielsweise am Mirador Astronómico de la Degollada de las Yeguas und lässt die Blicke in die Weiten des Barranco de Fataga schweifen, könnte man meinen, man sei versehentlich in Utah gelandet. Im gewaltigen Barranco de la Aldea denkt man an Nevada, und der nahezu unbekannte Barranco de las Vacas offenbart sich als Bruder des weltberühmten Antelope Canyon in Arizona. Auf dieser Insel kann man sich im touristischen Moloch verlieren – oder zu sich finden, zum Beispiel in Casas Blancas, im einsamen Inneren der Insel, umgeben von nichts Weiterem als felsigen Schluchten. Gran Canaria verbirgt in seinem wilden Herzen weit mehr Wunder, als man zu hoffen wagt. ■ S. N.

»DRACHENSCHWANZ« nennen die Einheimischen die bizarre Basaltformation, welche man vom Mirador del Balcón aus bestaunen kann.

MAJESTÄTISCH schieben sich die Dünen von Maspalomas an der Küste entlang, getrieben durch den Passatwind.

Von grandiosen Dünen bis zu zerklüfteten Bergen

Früher hieß es, der helle Sand der Dunas de Maspalomas käme aus der Sahara. Doch Sandkörner sind viel zu schwer, um mit dem Wind von Afrika auf die Kanaren zu wehen. Elin hat früher Sand gesammelt und kennt sich aus. Heute wirbt sie bei Urlaubsbekanntschaften dafür, auf dieses Souvenir zu verzichten. Denn schon die Entnahme kleinster Mengen, vieltausendfach wiederholt, führt zu erheblichem Schwund der Dünen.

Die Schwedin lässt am Strand von Maspalomas Sand durch die Finger rieseln. »Er besteht aus Kalkschalen von Muscheln, die von der Brandung fein zerrieben wurden«, verrät sie. Auch Kalkskelette verschiedener Einzeller, etwa der Foraminiferen, sind darin enthalten. »In reiner Form wäre dieser Sand fast schneeweiß. Hier sind aber dunkle Kügelchen von Vulkangestein untergemischt.« Im Ergebnis ist das Dünenfeld an der flachen Südspitze Gran Canarias goldgelb. Wissenschaftler der Universität Las Palmas kamen durch Probebohrungen zu dem Ergebnis, die bis zu 20 Meter hohen Sandberge hätten sich erst seit dem Jahr 1800 gebildet. Dafür spricht auch, dass sie in älteren historischen Berichten nicht erwähnt werden. Als möglicher Grund für die plötzliche Entstehung wird ein Tsunami genannt.

URWELTRIESEN

Von den meisten Spaziergängern werden sie gar nicht bemerkt. Zu zweit sind sie, eine größer, eine etwas kleiner. Mit ihren dicken Köpfen ähneln sie Sauriern. Neugierig lugen die beiden riesigen Eidechsen herüber, ein Touristenpaar hat sie entdeckt. Erst als der Mann seine Kamera zückt, flitzen sie hinter den nächsten Felsbrocken. Der Trubel auf der belebten Meerespromenade von Meloneras lässt die Reptilien offenbar unbeeindruckt. Regelmäßig zeigen sie sich in den prähistorischen Ruinen an der Punta Mujeres. Die bis zu 80 Zentimeter lange Gran-Canaria-Rieseneidechse ist weit weniger scheu als ihre Verwandtschaft auf den Inseln Teneriffa, La Gomera und El Hierro. Sie scheint eher die Nähe zur Zivilisation zu suchen, kommt sogar in Schutthaufen und Müllhalden vor. Leider ist der Bestand durch die 1998 aus Kalifornien nach Gran Canaria eingeschleppte (für Menschen zum Glück ungefährliche) Kettennatter bedroht.

TALENTIERTE SÄNGER

Bekannter als die Echsen ist ein gefiederter Vertreter der Inselfauna, der Kanarengirlitz. Wenn auch nicht ganz so sangesfreudig wie sein domestizierter Vetter, der Kanarienvogel, zwitschert er doch gern fröhlich vor sich hin. Oft sitzen größere Gruppen dieser Vögel auf Stromleitungen wie Hühner auf der Stange und leben in Gärten oder Obstplantagen. Kanarengirlitze sind lernbegierig. Es gelingt ihnen, den Gesang anderer Vogelarten in ihren eigenen zu integrieren. Dies machten sich Züchter zunutze, um

das Repertoire der »Wildlinge« zu erweitern. Zwar entwickeln Girlitzmännchen in der Brutzeit ein gelbes Brustgefieder, dennoch sind sie viel unscheinbarer als die knallgelben Kanaris, die seit dem 16. Jahrhundert in Europa gezüchtet wurden. Berühmtheit erlangte hier der »Harzer Roller«: Während die Bergleute im Harz durch den Verkauf der Männchen ein Nebeneinkommen erzielten, fiel den weniger melodisch singenden Weibchen die traurige Aufgabe zu, vor Giftgasen im Bergwerk zu warnen. Fiel ein Vogel in seinem Käfig von der Stange, war es höchste Zeit, den Stollen zu verlassen.

EIN PERFEKTER KRATER

Wie alle Kanareninseln ist Gran Canaria vulkanischen Ursprungs. Nirgendwo wird das so deutlich wie an der Caldera de Bandama, die – vor rund 5000 Jahren entstanden – zu den jüngsten vulkanischen Erscheinungen auf der Insel zählt, welche wiederum insgesamt 13 Millionen Jahre auf dem Buckel hat. In dem 200 Meter tiefen Schlund fand jahrhundertelang Weinbau statt. Die meisten Bewohner hatten den Kessel aber längst verlassen nur Agustín Hernandez harrte noch aus. Mehr als 80 Jahre lang hielt er am Kraterboden Vieh und bestellte ein

paar Felder. Jetzt lebt der betagte Landwirt bei seinen Nichten. Ihm zu Ehren wurde der steile, rutschige Pfad in den Krater Camino Agustinito genannt. Señor Hernandez schüttelt darüber den Kopf. »Heute kommen die Leute nur noch zum Wandern, nicht mehr zum Arbeiten«, sagte er 2021 in einem Interview. Wer nicht hinabsteigen möchte, fährt auf den Gipfel des seitlich dem Krater aufsitzenden Pico de Bandama und blickt von dort in die Tiefe. Eigentlich handelt es sich gar nicht um eine Caldera im geologischen Sinn. Vielmehr dürfte der Krater wie die Maare der Eifel entstanden sein, durch eine phreatomagmatische Eruption: Aufsteigendes Magma trifft auf Grundwasser, das explosionsartig verdampft. Die dabei mitgerissenen Gesteinstrümmer lagern sich in Schichten rings um die Ausbruchstelle ab. Diese sogenannten Pyroklastika treten am Rand der Caldera de Bandama zutage.

WOLKEN UND SCHNEE

Die kleine Wandergruppe ist auf dem Weg zum Roque Nublo, dem »Wolkenfelsen«. Oft macht dieses Wahrzeichen Gran Canarias seinem Namen alle Ehre, doch der heutige Nachmittag ist wolkenfrei. Höchster Inselgipfel ist zwar der sanft gerundete Pico de las Nieves (1949 m), der Schneeberg, doch spektakulärer ist der 1813 Meter hohe Roque Nublo allemal. Unterwegs passieren die Wanderer El Fraile, den Mönch, die Form des Felsens spricht für sich. Über das leicht geneigte Gipfelplateau kommt man schnell weiter. Schon ragt voraus der Roque Nublo auf, flankiert vom kleineren Roque Rana, der fantasievolle Betrachter an einen Frosch (span. *rana*) erinnert. Beide sind wie El Fraile Reste früherer Vulkane. Während deren weichere Außenschichten erodierten, blieben die festeren, gegen Ende der Eruption erstarrten Schlotpfropfen als Monolithe stehen.

ABSTRAKTE BASALTGEBILDE gibt es am Roque Nublo zu entdecken. ◁
GEWALTIGE EROSIONSKRÄFTE legten den Roque Nublo und seine Nachbarfelsen, einst feste Pfropfen im Inneren von Vulkanschloten, frei.

1932 gelang drei deutschen Ingenieuren die Erstbesteigung des Roque Nublo. Bis heute versuchen sich Kletterer gerne an dem Felsen, für Normalwanderer bleibt es aber beim Bestaunen von unten. Am Spätnachmittag schimmert er golden. Es fällt schwer sich zu trennen, doch vor Einbruch der Dunkelheit muss der Parkplatz an der Straße erreicht sein. Hier in Tropennähe nähert sich die Sonne im Zeitraffertempo dem Horizont, eine Dämmerung gibt es kaum. Ganz plötzlich ist es empfindlich kalt geworden. Die Wanderer in ihren kurzen Hosen halten sich mit Gymnastik warm, während sie auf ihr Taxi warten.

DEM FEUER TROTZEN

Als »grüne Lunge« von Gran Canaria gilt der Pinar de Tamadaba, ein riesiger Kiefernwald in 1100 Meter Höhe. Auch reguliert er den Grundwasserspiegel. Mit ihren bis zu 30 Zentimeter langen Nadeln fängt die Kanarische Kiefer den Wolkennebel ein. Tropfen fallen zu Boden, ohne dass es regnet. Unter den lichten Baumkronen entfalten Zistrosen im Mai ihre pinkfarbenen Scheibenblüten. Am Wochenende picknicken im Pinar de Tamadaba kanarische Familien, schnell kommt man ins Gespräch. »2019 hatten wir den schlimmsten Waldbrand seit 30 Jahren. Die Schäden sieht man immer noch«, erzählt ein älterer Herr und zeigt auf Bäume mit verkohlten Stämmen, aus denen aber frisches Grün treibt. Also besteht Hoffnung auf Erholung des Waldes. Die Kanarische Kiefer besitzt nämlich eine gewisse Resistenz gegenüber Feuer, denn eine dicke Borke schützt den Stamm. Dieser schlägt wieder aus, selbst wenn alle Äste verbrannt sind.

*» Eine kleine Reise ist genug,
um uns die Welt zu erneuern. «*

Kurt Tucholsky

*» Der kürzeste Weg,
um sich selbst zu erreichen,
ist um die Welt. «*

Hermann Keyserling

DER BARRANCO DE FATAGA hat eine auffällige Ähnlichkeit mit dem Grand Canyon im Südwesten der USA. Allerdings ist die Fataga-Schlucht in Teilen besiedelt.

DIE GANZE VIELFALT DER TROPENFLORA ist auf den Kanaren versammelt. Purpurne Bromelienblüten wetteifern mit rotem Zylinderputzer und blauem Strandflieder um die Gunst der Betrachter.
DIE WANDERUNG ZUM CHARCO AZUL kann sehr schweißtreibend sein. Ein schattenloses und windgeschütztes Tal führt zu dem kleinen Becken mit Wasserfall. Ein beliebter Tummelplatz für die Dorfjugend. ▷

DER BARRANCO DE LA ALDEA ist eine gewaltige Schlucht, die bis tief in die Bergwelt der Insel reicht. Eine wunderschöne, aber teilweise sehr enge und immer kurvenreiche Straße führt an zahlreichen Stauseen und angsteinflößenden Felswänden vorbei.

» Zu reisen ist zu leben. «

Hans Christian Andersen

EIN TRIP DER EXTRAKLASSE ist die Fahrt durch die wilde Natur des Barranco de la Aldea. Die untergehende Sonne hüllt die Felswände in das warme Licht des Abends.

BARRANCO DE LAS VACAS

Auf Abwegen, um Freunde zu finden

Vieles auf Gran Canaria kommt einem Paukenschlag gleich. Denkt man an die völlig surrealen Farben der Felsen an der Degollada de Veneguera oder an den versteckten Wasserfall am Charco Azul. Oder an den gewaltigen Monolithen Roque Nublo. Angelika und ich hatten inzwischen schon so manches Naturspektakel dieser Insel erwandert, als ich – immer auf der Suche nach Orten, die noch kaum Erwähnung gefunden hatten – auf einen seltsamen kleinen Canyon aufmerksam wurde. Dieser Platz im gebirgigen Osten der Insel hätte sich, so hieß es, in jüngster Zeit zu einem Hotspot für Fotografen entwickelt. Der Haken: Es gab keine genaue Wegbeschreibung dorthin, einzig den Hinweis, dass der in Google Maps ausgewiesene Standort falsch sei. Sehr hilfreich fanden wir das nicht, aber immerhin war uns die Gegend bekannt, wo sich der Canyon befinden sollte.

Wir fuhren die GC-1 von Maspalomas Richtung Nordosten und hielten uns ab Arinaga links in die Berge. Die GC-550 führte in Serpentinen immer höher hinauf, und schließlich entdeckten wir neben der Straße eine Schlucht, die so aussah, als könnte es sich um genau den Barranco handeln. Ich parkte. Es führte scheinbar kein Weg hinab; wir sahen nur steiles Felsgelände und eine zerklüftete Schlucht weiter unten. Also folgten wir der Straße bergauf. In einer Linkskurve dann, den Canyon überquerend, hatten wir den Blick frei auf eine Art Torbogen. Es herrschte absolute Ruhe, kein menschlicher Laut war zu hören, niemand war zu sehen. Das sollte der Zugang zum berühmten Instagram-Hotspot sein? Uns erschien das wenig wahrscheinlich, denn wir hatten gelesen, dass in der Nähe des Barrancos kaum die Chance auf einen Parkplatz bestehen würde und in der Schlucht selber die Influencer sich gegenseitig die Sicht nähmen, zumal es dort derart eng sei, dass nur zu bestimmten Zeiten das Licht überhaupt den Boden erreicht.

Von unserem Standort war zu erkennen, dass gegenüber der Leitplanke ein teilweise weggebrochener Trampelpfad durch die Felsen auf den Torbogen zu führte. Keine Frage also: Hier war ein Weg, und folglich gingen wir runter. Hinter besagtem Steinbogen offenbarte sich unseren Blicken ein zunächst noch recht flacher Barranco, scharf in die Felsen geschnitten. Unschwer zu erkennen, dass dies einst das Werk von Wassermassen war, die sich hier einen Weg geschaffen hatten.

» In einer Linkskurve dann, den Canyon überquerend, hatten wir den Blick frei auf eine Art Torbogen. «

Im Verlauf wurden die Wände höher und rückten deutlich näher zusammen, sodass bald nur noch ein recht enger Durchgang entstand. Welch mystisches Licht und Farbenspiel sich hier zeigte! Das einfallende Licht traf auf den Staub, der durch den leichten Wind vom Boden hochgewirbelt wurde, und malte pittoreske Strahlen n die Schlucht. Die Felsen, nicht senkrecht und gerade, sondern rund und überhängend, schienen sich zum Himmel hin zu berühren. Ich sah sogleich den Antelope Canyon in Arizona vor meinem geistigen Auge. Ganz ähnlich war es dort, die Felsen etwas roter, hier mehr ins Gelb changierend.

Eine Biegung weiter erblickten wir zwei Personen. Eindeutig ein Fotograf mit seinem Model. Doch welche Perfektion: Er war komplett in Türkisb.au gekleidet, stand auf einem kleinen Felsblock und zielte mit seiner Spiegelreflex auf seine Muse, die in einem gelborangen Kleid ebenfalls auf einem Felsen inmitten des Canyons posierte. Ihre langen schwarzen Haare glänzten im Licht. Die beiden machten keinerlei Lärm, bewegten sich so ruhig und anmutig vor dieser Kulisse, als ob sie schon immer hier gewesen wären. Natürlich kamen wir vier sogleich ins Gespräch, stellten einander vor: René Cerny, ein Hochzeitsfotograf aus – tatsächlich – Augsburg und seine Partnerin Eugenie. Anschließend verließen wir gemeinsam den Barranco de las Vacas. Und ja, Gemeinsamkeiten schweißen zusammen, so verbindet uns bis heute die Liebe zur Fotografie und zur Natur mit Eugenie und René. ■ S. N.

» Das einfallende Licht traf auf den Staub, der durch den leichten Wind vom Boden hochgewirbelt wurde, und malte pittoreske Strahlen in die Schlucht. «

DER BARRANCO DE GUAYADEQUE ist bekannt für seine zahlreichen Höhlenwohnungen. Von außen oft schlicht und unscheinbar, zeigen sie im Inneren eine bodenständige Ausstattung.

DIE DEGOLLADA DE VENEGUERA im gebirgigsten Teil Gran Canarias lässt einen an eine Sinnestäuschung glauben: Zu unwirklich muten die Farben der Felspartien an, die wie abstrakte Gemälde die rotbraunen Wände des Canyons zieren. ▽▽

IN DER NÄHE DER PRESA DE LAS NIÑAS steht eine angeblich 400-jährige Kiefer mit Namen Casandra. Die Namensgeberin war ein 15 Jahre altes Mädchen, das eine nicht geduldete Liebschaft mit einem Dorfjungen hatte. Sie wurde am Fuße dieses Baumes, wo sie sich mit ihrem Geliebten getroffen hatte, als Hexe verbrannt.
IN DER WÜSTENLANDSCHAFT der Caldera de Tejeda wirkt der türkisblaue Stausee Presa del Mulato wie hineingegossen. ▷

INSEL DER GIGANTEN

Teneriffa

Kommt man bei der Inselhauptstadt Santa Cruz de Tenerife mit der Fähre an und fährt sogleich weiter nach Puerto de la Cruz an der Westküste, so ist man bei der Einfahrt in das Städtchen vielleicht erst mal fassungslos: Wiener Schnitzel, Sauerkraut und Bratwürstl sind hier allgegenwärtig und leider auch so gut wie alternativlos. Teneriffa, die Größte der Kanaren, befindet sich im Würgegriff des Massentourismus. Auch der äußerste Süden ist geprägt davon, jedoch durchaus gediegener und hochwertiger. Lieben lernt man die Insel, wenn man sich abseits der ausgetretenen Pfade bewegt. Abgesehen vom mächtigen Vulkan Teide, der mit seinen 3718 Metern Höhe alles überragt, was es in Makaronesien zu besteigen gibt, findet man in den Cañadas del Teide eine Vielzahl mystischer Felsformationen. Schluchten, allen voran den Barranco del Infierno, kann man durchwandern und Superlativen wie Los Gigantes, welche zu den höchsten Steilküsten der Welt zählen, mit dem Boot erkunden. Und während in den frühesten Stunden der Massentourist noch bierdunstig dämmert, küsst die Sonne im Nationalpark Teide bereits den Zapato de la Reina. ■ S. N.

DIE FELSKLIPPEN VON LOS GIGANTES fallen bis zu 600 Meter fast senkrecht zum Meer hin ab.

DER RIESENKRATER LAS CAÑADAS, gesehen vom Gipfel des Teide

Spaniens höchster Gipfel und ein Riesenkrater

Drei Tage benötigte Alexander von Humboldt, um den Pico del Teide zu besteigen, den mit 3718 Metern nicht nur höchsten Berg Teneriffas, sondern ganz Spaniens. Heute wird diese anspruchsvolle Wanderung gern als Königstour bezeichnet.

Humboldt machte im Juni 1799 eine Woche Station auf Teneriffa, bevor er seine mehrjährige Forschungsexpedition nach Südamerika fortsetzte. Ein Denkmal am Mirador Humboldt erinnert an den Begründer der modernen Geografie. Ob er wirklich von hier aus den Blick über das Valle de Orotava genossen hat, ist umstritten. »Ich habe im heißen Erdgürtel Landschaften gesehen, wo die Natur großartiger ist, aber nirgends ein so mannigfaltiges, so anziehendes, durch die Verteilung von Grün und Felsmassen so harmonisches Gemälde«, schwärmte er jedenfalls in seinem Reisebericht. Das weite, kastenförmige Tal im Norden der Insel verdankt seine Entstehung einem gewaltigen Bergrutsch vor 600 000 Jahren, der damals einen verheerenden Tsunami ausgelöst haben dürfte.

DER GIGANTISCHE KRATER

Als erster Naturforscher erkannte Humboldt die Veränderung der Vegetation in Bezug auf die Höhenlage. Auf einem alten Verbindungsweg zog die Karawane von Maultieren, die Humboldts schwere Ausrüstung mit Hygrometer, Barometer und weiteren Instrumenten schleppten, zunächst durch üppig grünen Lorbeer- und Baumheidewald, dann durch trockeneren, lichten Kiefernwald aufwärts. Ganz plötzlich ist in etwa 2000 Meter Höhe die Baumgrenze erreicht. Voraus erstreckt sich der gigantische, erstaunliche 17 Kilometer breite Kraterboden der Cañadas del Teide. Rückblickend schweben Passatwolken, an ihrer Oberkante wie mit dem Messer abgeschnitten. Tag für Tag bilden sie sich an der Nordseite Teneriffas und spenden den Wäldern Feuchtigkeit.

Die Cañadas liegen über den Wolken. Tagsüber brennt hier die Sonne, nachts wird es empfindlich kalt. Nur wenige spezialisierte Pflanzenarten überleben in dieser Höhenwüste. In der ersten Junihälfte erblühen sie, allen voran der Teide-Natternkopf mit bis zu zwei Meter hohen, roten Blütenkerzen. Breite Lavaströme haben den Kraterboden überflossen. Ihre rauen Krusten bedeckt eine Haut aus schwarz glänzendem Obsidian, einem vulkanischen Glas, das entsteht, wenn flüssige Lava in Kontakt mit der Luft superschnell abkühlt. Den kanarischen Ureinwohnern standen keine Metalle zur Verfügung. Stattdessen nutzten sie scharfkantige Obsidiansplitter als Messer und Pfeilspitzen. Bei den Cañadas scheint es sich entgegen früheren Vorstellungen trotz des vermeintlichen Kraterrands, der sie im Osten und Süden umgibt, nicht um eine Caldera, also um einen Einsturzkrater, zu handeln. Vielmehr wird ihre Bildung mit Bergstürzen in Verbindung gebracht, ähnlich wie sie 1980 beim Ausbruch des Mount St. Helens beobachtet wurden.

LOHN DER AUFSTIEGSMÜHEN

Nach nun sehr steilem Anstieg an der Ostflanke des Pico del Teide übernachteten Humboldt und seine Begleiter noch einmal in einer Höhle, um am frühen Morgen die letzte Etappe zurückzulegen. Heute steht an dieser Stelle eine Berghütte, und man schläft trotz knarzender Etagenbetten und schnarchender Mitbewohner bequemer, als es damals möglich war. Eine sportliche Gruppe junger Spanier bricht genauso zeitig auf wie einst Humboldt. An weitere Nachtruhe ist also nicht mehr zu denken, alle springen auf und machen sich fertig.

Somit bei Sonnenaufgang am Gipfel angekommen, breitet sich der ganze Archipel zu Füßen der Wanderer aus. Der Teide ist ein Schichtvulkan, nach und nach aus dem Boden der Cañadas herausgewachsen. Auch wenn es keine historischen Aufzeichnungen über Eruptionen gibt, so gilt er doch als sehr jung. Zumindest in seiner Nähe kam es immer wieder zu Ausbrüchen, zuletzt 1909. An seinem heutigen, die Ebene La Rambleta – bis zu der eine Seilbahn fährt – um 200 Meter überragenden Gipfel Pitón tritt nach wie vor heißer Dampf aus dem Boden.

HÖLLISCHE WÄNDE

Mächtige Klippen ragen im Westen Teneriffas aus dem Atlantik. Mit bis zu 500 Metern Höhe gehören sie im weltweiten Vergleich wahrlich zu den »Riesen« *(gigantes)*. Die kanarische Urbevölkerung nannte sie Teufelswand. Dunkle Basaltschichten gliedern die senkrechten Felsen horizontal und zeugen von Lavaströmen, die sich bei immer neuen Vulkanausbrüchen übereinander schoben. Unter Wasser setzen sich die Steilwände nicht fort. Das Meer ist hier gerade einmal 30 Meter tief. Durch die Kraft der Brandung stetig unterhöhlt, weichen die Klippen allmählich zurück, während knapp unter der Wasseroberfläche eine Plattform entsteht. Bei Ausflugsfahrten mit dem Boot werden die Horste von Fischadlern gezeigt, die zuweilen in den Klippen der Gigantes nisten und hier jagen.

Weiter draußen, wo der Meeresboden abrupt auf 1500 Meter Tiefe absackt, tummeln sich Wale und Delfine. Das Gewässer zwischen Teneriffa und La Gomera ist für Whalewatcher ein Eldorado. »Da sind Delfine«, tönt es von der rechten Bordwand. »Große Tümmler«, ergänzt der Bootsmann.

Für ihn ist es das Normalste der Welt, wie die Tiere den Bootsrumpf spielerisch umkreisen. Schon hält die Besatzung Ausschau nach selteneren Arten. »Kurzflossen-Grindwale voraus!« Die dunklen Gesellen mit den kantigen Köpfen, die bei Teneriffa einen großen Bestand haben, aalen sich zu Dutzenden an der Meeresoberfläche. Zuletzt kommen den entzückten Passagieren noch zwei von den weitaus größeren Brydewalen vor die Kameras. Zufrieden dreht der Kapitän ab und steuert den Hafen an.

AN DIE 400 JAHRE hat der gewaltige Drachenbaum bei Icod auf dem Buckel. ◁
OBEN IN DEN CAÑADAS, der Bergwüste Teneriffas, erträgt eine karge Flora den abrupten Wechsel zwischen kalten Nächten und heißen Tagen.

Hier hatte wiederum Alexander von Humboldt seine Hände im Spiel. Seinen Altersschätzungen verdankt der Drago Milenário, der 1000-jährige Drachenbaum, seinen Namen. Das urzeitlich anmutende Gewächs steht mitten in Icod de los Vinos, in einem eigens um ihn herum angelegten Park. Zu der etwas übertriebenen Altersangabe kam es, da Drachenbäume als entfernte Verwandte der Lilien und Agaven keine Jahresringe bilden. Inzwischen wird aufgrund von Wachstumsmessungen für das 16 Meter hohe Exemplar in Icod ein Alter von »nur« etwa 400 Jahren vermutet. Wie die Klauen eines Drachen ragen seine spitzen Blätter in den Himmel.

Drachenbäume gab es früher auch am Mittelmeer, doch dort starben sie im Eiszeitalter aus. Zurück blieben Vorkommen auf den milden Atlantikinseln – Azoren, Madeira, Kanaren und Kapverden – und am Roten Meer. Dort konnten die empfindlichen Pflanzen die Kälteperioden überleben. Bis ins 19. Jahrhundert wurde ihr Harz zu einem roten Naturfarbstoff verarbeitet, dem »Drachenblut«, und nach Europa exportiert. In der Natur ist der Baum selten geworden, denn sein ehemaliger Standort auf Teneriffa – eine mediterran anmutende Küstenmacchie – ist durch Bebauung und landwirtschaftliche Nutzung fast verschwunden. Häufig trifft man ihn dafür in Gärten und Parks an. Einen Ort weiter werden in einem Gartenzentrum Jungpflanzen angeboten. »Wenn Sie den Drago in Deutschland kultivieren möchten, darf die Temperatur im Winter zehn Grad keinesfalls unterschreiten«, warnt die Verkäuferin. »Und er wird auch im Kübel anderthalb Meter hoch.

» Was du noch nie gesehen hast, findest du dort, wo du noch nie warst. «

Afrikanisches Sprichwort

DER BARRANCO DEL INFIERNO ist die spektakulärste Schlucht auf Teneriffa. 20 Wanderer je halbe Stunde erhalten nach vorheriger Reservierung die Genehmigung, die Schlucht zu betreten. Wegen der Steinschlaggefahr herrscht strenge Helmpflicht auf dem gesamten Weg.

DIE ROQUES DE GARCÍA in den Cañadas unterhalb des Teide sind ein weitläufiges Felslabyrinth. Auf guten Trails umwandert man Türme und Nadeln aus buntem Lavagestein.

ZAPATO DE LA REINA, »Der Schuh der Königin«, heißt eine imposante Felsformation, die gar nicht so leicht zu finden ist. ▽▽

Rendezvous zum Sonnenaufgang

Um vier in der Früh klingelte der Wecker und es war noch stockdunkel in Puerto da Cruz. Vom Meer wehte ein frischer Wind hinüber, als ich ins Auto stieg. Rauf zum Teide und in die Cañadas war der Plan. Zwei Tage zuvor hatte ich die Tour bereits mit Angelika unternommen und nicht schlecht gestaunt ob der wilden Felsen und bizarren Landschaften auf dem Hochplateau. Allerdings hatten wir Mühe, einen Parkplatz bei den Roques de García zu ergattern, denn der Andrang der Touristenbusse und Mietwagen war unfassbar. Wo wir auch hinsahen stapften Sneakers und Flipflops durch den Staub. Wir unternahmen dennoch eine ausgedehnte Wanderung, und ich verabredete mich mit den Roques zum Sonnenaufgang in den nächsten Tagen.

In der Schwärze der Nacht führten mich die Serpentinen hinauf durch die Wälder, welche die unteren Hänge des Vulkans bedecken. Hinter dem Piedra la Rosa, kurz vor den Cañadas, lugte die Sonne das erste Mal über den Rand der Caldera. Ich war völlig allein, als ich die Minas de San José erreichte. Einzig ein Wagen der Parkranger begleitete mich ein Stück. Ein Rendezvous zum Sunset-Shooting ist immer ein Lauf gegen die Zeit. Atemlos zum Vulkan, hätte ich singen sollen, denn ich war getrieben von dem Bedürfnis anzuhalten, um alles zu fotografieren, und dem Plan, rechtzeitig bei den Roques zu sein, bevor die Sonne zu hoch steht und die Touristen kommen. Die Minas jedoch konnte ich nicht liegen lassen, denn zu schön war das, was sich hier bot. Die orangerote Scheibe am Horizont streichelte den Sand und tauchte die vereinzelten Felsen, welche daraus hervorlugten, in ein zartes Licht. Wie gern hätte ich mich auf den weichen Untergrund gesetzt und der aufgehenden Sonne zugeschaut.

Weiter auf dem kurvigen Sträßchen Richtung Teleférico de Teide umrundete ich gerade eine Felsnase, als der Berg zum ersten Mal in voller Pracht vor mir auftauchte. Die Sonne, die inzwischen die östlichen Hänge des Teide beschien, hüllte diese in ein unsagbar feuriges Rot. Es erinnerte an flüssige Lava, die den Hang herunterglitt. Die Seilbahn war noch nicht erwacht und noch kein Tourist unterwegs. *Just in time* kam ich bei den Roques de García an. Kamera schnappen und los; es galt, so viel wie möglich einzufangen von dem Schauspiel, das sich hier bot. Die orangene Sonne malte die Felsen vor dem blauen Himmel in magischen Farben, konturierte jedes Detail der Felsen, akzentuierte den Teide im Hintergrund und verzauberte die Landschaft zu einem einzigartigen Gemälde der Natur.

» Die orangerote Scheibe am Horizont streichelte den Sand und tauchte die vereinzelten Felsen, welche daraus hervorlugten, in ein zartes Licht. «

Doch wo war eigentlich der imposante Zapato de la Reina, der »Schuh der Königin«? Wie durch Zufall entdeckte ich ihn auf der Fahrt Richtung Süden links der Straße. Man muss schon ein paar Schritte kraxeln, um diesem Naturwunder nahe genug zu kommen. Bizarr und majestätisch hob er sich im Gegenlicht ab gegen den Rand des Gebirges im Hintergrund. Und plötzlich tauchten die ersten Autos wie aus dem Nichts auf. Für mich der Startschuss zur letzten Etappe meiner heutigen Tour: der Seilbahnfahrt auf den Teide. Die erste Gondel ist sicher die beste Option, wenn man nicht gleich zu Fuß auf den Berg möchte. Mir fehlte die Genehmigung für den Gipfel, und so schwebte ich auf 3500 Meter zum Mirador Teide hinauf.

Eisige Kälte umfing mich in der dünnen Luft knapp unterhalb der Spitze. Es war bereits nach neun Uhr, als ich die kurze Wanderung in Richtung Pico Viejo begann. Das Permit für dieses Gebiet gilt nur eine Stunde. Von hier bietet sich ein Blick, den man unumwunden einen *One-Million-Dollar-View* nennen darf. Die gesamte Caldera de las Cañadas de Teide liegt vor den Augen des Wanderers, der Kegel des Schichtvulkans im Rücken ragt um weitere 200 Meter gen Himmel.

Als ich nach gut einer Stunde Richtung Talstation schwebte, war bereits jeder Parkplatz belegt. Zufrieden kehrte ich zurück nach Puerto da la Cruz. ■ S.N.

EIN GINSTERÄHNLICHER STRAUCH, die weiß blühende Retama, liefert in den Cañadas einen ganz besonderen Honig. Im Juni reckt der Teide-Natternkopf rund um die Roques de García seine riesigen roten Blütenstände hervor.

» Ich habe im heißen Erdgürtel Landschaften gesehen, wo die Natur großartiger ist, reicher in der Entwicklung organischer Formen. Aber nachdem ich die Ufer des Orinoko, die Cordilleren von Peru und die schönen Täler Mexikos durchwandert, muss ich gestehen, nirgends ein so mannigfaltiges, so anziehendes Gemälde vor mir gesehen zu haben. «

Alexander von Humboldt

MIT DEN ERSTEN STRAHLEN der aufgehenden Sonne zeigt sich der Teide in einem orangeroten und purpurnen Licht. Das Bild wurde aus dem fahrenden Auto geschossen, denn in der engen, kurvigen Straße war ein Anhalten unmöglich.

DER RIESENKRATER unterhalb des Teidegipfels. In der Bildmitte die Roques de García ▽▽

SANFTE WILDHEIT

Fuerteventura

Vierzig Minuten braucht die Fähre von Playa Blanca auf Lanzarote nach Corralejo. Dieses gewaltige Dünenfeld ganz im Norden ist eines der Wahrzeichen der zweitgrößten Kanareninsel. Fährt man an der Ostküste nach Süden, gelangt man zu den Stränden Playa Esmeralda und Playa de Jandía. Türkisblaues Meer und fast weißer Sand, wo man auch hinschaut. Leider sind Hotelburgen entstanden in der Küstenlinie hinter den Lagunen, die den Reiz der Landschaft jedoch nicht wesentlich zu stören vermögen. Einsamkeit findet man auf der anderen Seite, an der Playa de Cofete. Abgeschirmt von Fuerteventuras größtem Gebirgszug, zieht sich hier ein kilometerlanger Sandstrand nach Norden hin. Nirgends auf den Kanaren liegen Sanftheit und Wildheit so nah beieinander. In der Gegend um La Pared grenzen gelbweiße Sandfelder messerscharf an rotschwarze Vulkanhügel. Im Inselinneren verbirgt Fuerteventura Barrancos mit surrealen Felsgebilden und geheimnisvollen Lavahöhlen, und ganz im Norden gibt es noch ein bezauberndes Kleinod zu entdecken: die Isla de Lobos. ■ S. N.

DIE DÜNEN IM NATURPARK CORRALEJO offenbaren ihre Schönheit im frühen Morgenlicht.

IN LAS PLAYITAS gibt es ein modernes Sporthotel mit einer großartigen Golfanlage.

Im Winter erblüht die Wüste

»Zum Glück hat der Palmrüssler unsere Oase verschont«, plaudert ein Gärtner, während er die alten, vertrockneten Wedel einer Palme stutzt. Die endemische Kanarische Dattelpalme wächst als einziger einheimischer Baum Fuerteventuras dort, wo es genügend Grundwasser gibt.

Hier in Gran Tarajal, wo die Landwirte ihre Oasenfelder bewässern, bekommt sie eine Extraportion davon. Aus Asien eingeschleppt, ließ der gefürchtete Palmrüssler überall am Mittelmeer und auf den Atlantikinseln die Dattelpalmen eingehen, so auch im Grüngürtel des Ferienorts Costa Calma. Der kam nicht so glimpflich davon wie der Palmenhain von Gran Tarajal oder die idyllische Oase im Barranco de la Madre del Agua, wo im Schatten der Bäume Libellen über Froschtümpeln schweben. Neun Millionen Euro ließ sich die Kanarenregierung die Bekämpfung kosten. Zigtausende von Palmen mussten behandelt werden, Hunderte gar verbrannt. Seit 2016 gilt der rostrote Käfer im Archipel als ausgerottet. Insofern war die Aufregung groß, als man auf Gran Canaria wieder ein Exemplar entdeckte, offenbar aber bisher ohne Folgen.

DIE WÜSTE ERWACHT

Als trockenste Kanareninsel erblüht Fuerteventura nur nach Winterregen. Dann sprießen selbst aus der staubigen Flugsandebene Istmo de la Pared winzige Blütenpflanzen. Der flach auf dem Boden liegende, goldgelb blühende Hornklee, *Lotus lancerottensis*, ist ebenso mit von der Partie wie Bolles Levkoje mit kräftig violetten Blüten. Beide kommen ausschließlich auf Fuerteventura und Lanzarote vor. Im Frühjahr reckt die Gelbe Cistanche ihre Blütenkerzen vor den Riesendünen von Risco del Paso in die Höhe. Oft für eine Orchidee gehalten, schmarotzt das blattlose Sommerwurzgewächs an anderen Pflanzen, etwa an Tamarisken.

Auch die Fauna ist für Überraschungen gut. Unter locker verstreuten Basaltsteinbrocken schlummern tagsüber Kanarengeckos. Nachts gehen die großäugigen Reptilien auf die Jagd nach Insekten. Mit ihren Haftzehen erklimmen sie Hauswände mühelos, so auch nicht selten in Hotels und Ferienhäusern. Heftig umstritten ist das zutrauliche Atlashörnchen. Von Touristen heiß geliebt und mit leckeren Brocken verwöhnt, sehen es Naturschützer und Inselbehörden gar nicht gern, da es die ohnehin schüttere Pflanzendecke durch Verbiss arg beschädigt. Das Füttern sollte daher unterbleiben, so schwer es auch fällt. Zur ursprünglichen Fauna zählt es nicht, vielmehr stammt es aus Marokko. »Die Urahnen der Hörnchen kaufte ich in Sidi Ifni für den Preis von 35 Peseten von einem Einheimischen, der sie eigentlich essen wollte. 1965 brachte ich sie nach Fuerteventura«, zitiert die *Fuerteventura-Zeitung* José Acosta Curbelo. Die Tiere vermehrten sich rasch, wurden weitergegeben, später oft

freigelassen und verteilten sich über die ganze Insel. Von Natur aus sind an Säugetieren übrigens nur Fledermäuse – die es ebenso wie Vögel und Insekten aus eigener Kraft fliegend auf die Kanaren schafften – und die Kanarenspitzmaus auf den Inseln vertreten.

RICHTIG ALTER STEIN

Der Barranco del Mal Paso verengt sich zu einer romantischen Schlucht. Diese wird von Felsen aus blaugrün schimmerndem Syenit gesäumt – einem auf den Kanaren sehr seltenen, kristallinen Tiefengestein, mit dem Granit verwandt. Tektonische Hebung brachte den vor rund 20 Millionen Jahren tief in der Erdkruste gebildeten Syenit an die Oberfläche. Die Schlucht spielt im Volksglauben eine besondere Rolle: Der Legende nach sah der Franziskanermönch Juan de Santorcaz im 15. Jahrhundert, kurz nach der Besiedelung Fuerteventuras, eines Nachts helle Lichter im Barranco del Mal Paso. Am nächsten Tag wies er seinen Mitbrüdern den Weg. An der von ihm gezeigten Stelle schlugen sie den Fels auf und entdeckten in einer Spalte eine Marienfigur. Heute wird die Virgen de la Peña, die Felsjungfrau, in der Kirche des

nahen Orts Vega de Río Palmas als Inselheilige verehrt. Pilger aus ganz Fuerteventura machen sich am Wochenende auf den Weg dorthin. Einige steigen auch den steinigen Weg in den Barranco hinab. Dort steht, eingezwängt zwischen den Felswänden, eine kleine Kapelle zu Ehren der Madonna. »Seht her, hier ist Juan de Santorcaz gegangen«, versichert einer der Pilger und weist auf eine Spur auf dem Weg, die als versteinerter Fußabdruck gedeutet wird.

DAS SCHLECHTE LAND

Noch recht junge Lavaströme bedecken riesige Flächen im Norden und Osten Fuerteventuras. Niedrige Höhlen ziehen sich durch den Untergrund. Stürzen sie ein, zersplittert die Oberfläche zu unzähligen Schollen. *Malpaís*, schlechtes Land, nennen die Menschen diese Flächen, die sich für den Feldanbau schon gar nicht und als Weide für Ziegen mit Müh' und Not eignen. Die prähistorischen Bewohner der Insel zogen sich, wenn Überfälle drohten, in diese unwegsamen Gebiete zurück. Im Malpaís Grande bei Pozo Negro unterhielten sie die Siedlung La Atalayita, in der die Ruinen ihrer halb unterirdisch gebauten Häuser zu besichtigen sind. Die Lava des Basaltschollenfeldes floss bei einem der jüngsten Vulkanausbrüche Fuerteventuras vor gut 10 000 Jahren aus.

Nicht weit entfernt, im Lavastrom des Volcán de Toneles, bewohnten die Ureinwohner blasenförmige, durch kleine Explosionen vulkanischer Gase entstandene Hohlräume, die »Öfchen« *(hornitos)*. Hier wie dort hinterließen sie Muschel-

KAKTUSÄHNLICH streckt die Kanaren-Wolfsmilch ihre fleischigen Kandelaber an der Playa de Cofete in die Höhe. ◁ DIE CUEVAS DE AJUY dienten früher als Anlegeplatz für Piratenschiffe. Man erreicht sie über einen Trail entlang der Klippen zur Caleta Negra.

haufen *(concheros)*, die in Wirklichkeit aus Napfschnecken der Gattung Patella bestehen, den *lapas*. Bis heute werden sie an den Brandungsklippen gesammelt und roh oder gegrillt verspeist, allerdings mit erheblichen Einschränkungen. Bedauernd verneint der Fischhändler in Puerto del Rosario. »Lapas dürften nur von Oktober bis Juni gesammelt werden. Kanarische Miesmuscheln gibt es zur Zeit gar nicht mehr, die Bestände sollen sich erholen. Unsere Muscheln hier sind Importware.«

EIN FRAGILES SYSTEM

Fuerteventura ist die Kanareninsel mit den meisten Fossilien. Doch das Sammeln ist streng verboten. Fast 5000 Kilogramm Versteinerungen, Sand und Mineralien stellt die Umweltbehörde jedes Jahr am Flughafen bei der Ausreise sicher. Alles wird sortiert und nach Möglichkeit an den Ursprungsort zurückgebracht. »Die Ökosysteme der Insel sind verletzlich, daher kann jeder Eingriff irreparablen Schaden anrichten«, mahnt Umwelträtin Lola García an. Aber Anschauen und Fotografieren ist erlaubt, also auf zum »Popcornstrand«, der Playa el Mejillón bei Corralejo. Wie Puffmais übersäen schneeweiße Kügelchen den Surferstrand. Auch wenn sie wie Korallen aussehen mögen, so sind es doch »nur« versteinerte Kalkalgen.

Nebenan, im Wanderdünenfeld El Jable, gibt es ebenfalls Fossilien zu entdecken, nämlich Nester von Erdbienen, die winzigen Urnen ähneln. Die Insekten bauten sie vor Jahrtausenden, als das Klima auf Fuerteventura feuchter war, in einen schlammigen Sand.

In El Jable quert auch schon einmal eine Kragentrappe die Wege von Wanderern und Joggern. Der große Steppenvogel hat das Fliegen verlernt. Kommt man ihm zu nahe, rennt er – aufgeregt mit den Flügeln schlagend – davon. Er ist so selten, dass er zum Symbol des Naturparks Corralejo ernannt wurde.

» Wir werden nicht aufhören zu erkunden. Und am Ende unseres Weges werden wir zum Ausgangspunkt zurückkehren, um ihn zum ersten Mal kennenzulernen. «

Pat Conroy

DIE WEISSEN SANDSTRÄNDE in der Nähe der Playa Esmeralda lassen sofort Karibik-Feeling aufkommen. Die schönsten der türkisblauen Lagunen sind nur über Allradpisten erreichbar.

DIE UNBEWOHNTE ISLA DE LOBOS zwischen Lanzarote und Fuerteventura steht in Gänze unter Naturschutz und ist nur mit Genehmigung per Boot zu erreichen. ▽▽

GANZ EINSAM liegt der kleine Friedhof direkt am menschenleeren Sandstrand, der Playa de Cofete. Wegen hoher Brandung und starker Unterströmungen ist das Baden hier riskant, stattdessen bieten sich lange Strandspaziergänge an.

» Eine Wüste ist dieser erhabene und geliebte, weltabgeschiedene Erdenfleck Fuerteventura – eine der Inseln, die man einst die Glückseligen nannte ... ein nacktes, skeletthaftes, karges Land aus nichts als Knochen, ein Land, das eine ermüdete Seele zu stählen vermag. «

Miguel de Unamunc

IM SÜDWESTEN FUERTEVENTURAS grenzen die roten Berge der Halbinsel Jandía scharf an die weißen Sandlandschaften des Isthmus von La Pared.

AM ARCO DE LAS PEÑITAS

Ein Alien in der Einsamkeit

Auf meinem Weg durch den Barranco de las Peñitas zur Eremitage hörte ich Wanderer von einem Felsentor erzählen: Es sei etwas abseits der Einsiedelei oben in einem Schluchtenlabyrinth und schwer zugänglich. Die beiden hatten jedenfalls vergeblich danach gesucht und schließlich aufgegeben. Also planten Angelika und ich für den nächsten Tag eine Erkundungstour in dieses Gebiet zum Arco de las Peñitas. Wir hielten uns auf dem Sträßchen von Pájara in Richtung Ajuy, zweigten dann aber in der Nähe des Barranco de Mal Paso rechts auf eine Piste ab und folgten dieser bis zum Parking Mirador de las Peñitas. Gleich neben dem Parkplatz war ein Gatter, in dem sich eine Herde Ziegen im kargen Gelände nach etwas Fressbarem umzusehen schien. Von hier aus kann man leicht die Kapelle der Eremitage erkennen, welche in der Schlucht vor uns auf einem Felssporn thront. Links davon zieht sich ein zerfurchter Felsrücken recht steil nach oben. Dort musste irgendwo der Arco zu finden sein. Einen Wegweiser oder dergleichen sucht man hier vergebens. Nur ein schmaler Trampelpfad führt etwas umständlich dem Wandfuß entgegen.

Bald schon verlor sich das Steiglein im Staub des Untergrunds und wir gingen weglos und leicht bergan in die Richtung, in der wir unser Ziel vermuteten. Kurz darauf hatten wir dann endgültig nur noch Blockwerk unter den Füßen, die Hände konnten nun nicht länger in den Taschen bleiben, sondern mussten bei der Fortbewegung helfen. Um uns herum nur noch fester, gelbroter Fels. Gehgelände und leichte Kletterstellen folgten im Wechsel. Über allem aber stand die Frage: War dies denn wirklich der direkte Anstieg zum Arco de las Peñitas?

Es war so still um uns herum, so einsam. Nirgends war ein Mensch zu sehen, als wir plötzlich leise Stimmen hörten. Noch weit weg, über uns in den Felsen, sahen wir zwei Gestalten, die offensichtlich hinunterkletterten. Wir brauchten ihnen nur entgegenzugehen. Wenig später schauten wir in überraschte Gesichter, die beiden schienen ähnlich verwundert, hier anderen Wanderern zu begegnen. Und ja, sie hatten den Arco tatsächlich gefunden und erzählten uns mit leuchtenden Augen davon. Nicht mehr weit sei es, nur noch etwa 100 Höhenmeter. Ein, zwei Kletterstellen, aber nichts Schweres.

Gut 20 Minuten später stiegen wir über verblockte Felsen nach links, und schon sahen wir durch einen völlig verdrehten, in bizarren Windungen geformten Felsenvorhang hindurch den

*» Um uns herum nur noch fester, gelbroter Fels.
Gehgelände und leichte Kletterstellen folgten im Wechsel. «*

gegenüberliegenden Bergrücken. Der Arco de las Peñitas ist ein Meisterwerk der Natur. Ein Alien mit einem Umhang scheint oben die Decke zu halten, die in weichen Formen ein großes Oval bildet. Wenn man zu weit auf dem Boden dieses Ovals nach vorne ginge, würde man nach unten stürzen, 70 bis 80 Meter tief. Das Licht spielte hier mit den Farben und Formen, und der mit seinem Umhang auf dem Felsen ruhende Alien lehnte seinen flachen Kopf behutsam an die felsige Decke. So schön, so prachtvoll ist dieser Platz, ein geheimer Kraftort, nicht zugänglich gemacht für den ganz normalen Wanderer. Es wurden keine Stufen in den Fels geschlagen und keine Seile verlegt. Nicht einmal Wegweiser aufgestellt.

Wir verweilten noch eine geraume Zeit an diesem Ort, ehe wir weiter hinaufstiegen, der direkten Linie des Bogens folgend. Kurz unterhalb des höchsten Punktes kletterten wir links auf ein Plateau und gingen von dort über das Dach des Arco. Hier bot sich nun die perfekte Aussicht über das zerklüftete Innere Fuerteventuras. Dieser Felsenzirkus steht in einem krassen Gegensatz zu den sanften Hügeln, die ihn umgeben. Links der Barranco de las Peñitas, weiter entfernt die Autopiste.

Beim Anblick dieser staubtrockenen Landschaft schoss mir durch den Kopf: Ob es für die Ziegen unten am Parkplatz wirklich sinnvoll ist, hier nach Fressbarem Ausschau zu halten? ■ S. N.

» Meine Skulptur will diesen Berg,
jetzt ist es an der Zeit zu sehen,
ob der Berg meine Skulptur will. «

Eduardo Chillida

KITESURFER ODER LANDBOARDER kann man an der Playa de Esquinzo (links) und am Strand von Corralejo bei ihrem Spiel mit dem Wind beobachten.

DIE LANDSCHAFT im Nordosten Fuerteventuras um den Berg Montaña Roja am Südrand der Playas de Corralejo ist geprägt von rostroten Vulkankegeln. ▽▽

FEUERBERG UND REGENWALD

La Palma

Auf La Palma tobt der Feuerdrache! Im September 2021 tat sich am Cumbre Vieja die Erde auf und es entstand ein neuer Vulkan mit vier feuerspeienden Schloten. Bis in den Dezember hinein spie der Berg, bedeckte mit seinem glühenden Magma ganze Landstriche und ließ eine Halbinsel entstehen. La Palma ist im Grunde ein geborstener, riesiger Vulkankegel, der nach Süden hin weggebrochen ist. Die Caldera de Taburiente, ein gigantisches Wandergebiet, besitzt den höchsten Berg der Insel: Die Spitze, die über dem Meer hinausschaut, ist stolze 2446 Meter hoch und trägt den Namen Roque de los Muchachos. Gemessen an der Größe, oder besser gesagt an der Kleinheit der Insel, ist das verdammt hoch. La Palma wurde 1983 von der UNESCO als Biosphärenreservat deklariert. Im Los-Tilos-Naturpark kann man die zweitgrößten Lorbeerwälder der Kanaren erkunden. Für Wanderer ein Paradies, in dem sich auch durchaus schwierige und äußerst anspruchsvolle Routen finden lassen. ■ S. N.

DRACHENBAUMHAIN bei Las Tricias

DER IM SEPTEMBER 2021 neu entstandene Vulkankegel an der Cumbre Vieja hat endlich einen Namen: Er heißt nun Tajogaite.

Der jüngste Kanaren-Vulkan macht Schlagzeilen

Am 19. September 2021 bricht auf La Palma die Hölle los. Am Westhang der Cumbre Vieja, rund 1000 Meter über dem Meer, treten Lavafontänen und -ströme aus. »Wir sahen eine enorme Aschewolke aufsteigen«, berichtet eine Augenzeugin. »In den Tagen zuvor hatten Erdbeben den Ausbruch schon angekündigt. Wir waren auf eine Evakuierung vorbereitet, die dann auch gleich erfolgte.«

Mit nur vier Metern pro Stunde, aber unerbittlich rückt auf ihren Wohnort Todoque eine bis zu 15 Meter hohe Lavafront zu und erreicht ihn drei Tage später. Die Landstraßen in diesem Teil La Palmas sind längst unterbrochen. »Am Ende hatten wir Glück. Unser Haus blieb unversehrt, aber Nachbarn und viele Freunde haben alles verloren.«

ANDAUERNDE HITZE

Immer weiter quellen riesige Lavamengen hervor, schieben sich ins Meer und vergrößern die Insel um 17 Hektar. Zwischenzeitlich wird es explosiv, mit Blitzen und Ascheauswurf. Ganz plötzlich endet der Ausbruch am 13. Dezember, nach 85 Tagen. Es ist die längste Eruption gewesen, die man hier je beobachtet hat. La Palmas jüngster Vulkan heißt jetzt offiziell Volcán de Tajogaite. Sechs Krater hat er gebildet, der größte ist fast 200 Meter hoch und bis zu 172 Meter breit. Mehr als 1300 Wohnhäuser zerstörte er mit seinen Lavamassen, dazu zahllose Bananenplantagen. In die noch intakten Gebäude konnten manche Evakuierte monatelang nicht zurückkehren, da nach wie vor Vulkangase aus dem längst nicht abgekühlten Gestein dampften. Halbflüssig schwelte 500 Grad heiße Lava vor sich hin. Neugierige Besucher mussten sich erst recht noch gedulden. »Es bleiben nicht nur Gefahren, sondern es geht auch darum, diese besondere Landschaft für die Zukunft zu bewahren«, meint der Katastrophenschutzbeauftragte José Heriberto Lorenzo. So beschränkt sich die Besichtigung bisher meist auf Panoramablicke, etwa vom Mirador del Time. Wissenschaftler erkunden bereits die Randbereiche des Vulkans, darunter der Biologe Manuel Nogales. Im Sommer 2022 konnte er beobachten, wie Feigen- und Esskastanienbäume, die unter mehreren Metern dicker Asche verschwunden waren, belaubte Zweige ans Tageslicht schoben. »Diesen ganzen Prozess miterlebt zu haben, hat meine Denkweise ziemlich verändert«, staunt er.

ZAHLREICHE VULKANISCHE VORGÄNGER

Ganz anders, nämlich in unbewohntem, fast wüstenhaftem Gebiet an der Südspitze La Palmas, spielte sich 1971 der Ausbruch des Volcán Teneguía ab. Damals gab es noch nicht die heutigen Sicherheitsvorkehrungen, und Zehntausende eigens mit Sonderflügen angereiste Vulkantouristen verfolgten das drei

Wochen währende Spektakel aus nächster Nähe. »Die Eruption war außergewöhnlich und einzigartig, denn man konnte sie aus weniger als einem Kilometer Distanz betrachten«, erinnerte sich später der Fotograf Juan José Santos. Leider waren damals auch zwei Todesopfer zu beklagen. Heute treten die meisten Besucher La Palmas den kurzen Fußweg zum Gipfel des Teneguía an, um die Solfataren zu begutachten. Heißer Dampf tritt dort nach wie vor aus dem Boden, ringsum lagert sich gelber Schwefel ab. An manchen Tagen werden stellenweise Oberflächentemperaturen von 200 Grad Celsius erreicht.

Selbst die San-Juan-Eruption war 1949 bereits ein Medienereignis. Taxifahrer und Zimmervermieter machten das Geschäft ihres Lebens. Der Ausbruch begann am Johannistag, dem 24. Juni, als eine Rauchwolke den Himmel verdunkelte. Nur Tage später begann der Hoyo Negro schwarze Asche zu speien. Ihm folgte der Duraznero, an dem immer noch Schwefelgase einen fauligen Geruch verströmen, wovon sich Wanderer auf der ambitionierten »Vulkanroute« überzeugen können. Nach vier Wochen war der Spuk vorbei. Diese und weitere Eruptionen machten La Palma in historischer Zeit zur vulkanisch aktivsten Kanareninsel.

IM FARN-DSCHUNGEL von La Galga gibt es Wasser im Überfluss, was den regelmäßig von Nordosten heranziehenden Passatwolken zu verdanken ist. So entstand ein wildromantischer Zauberwald.

EIN MENSCHENLEERER KESSEL

Immer war es der Bergrücken Cumbre Vieja, wo die Ausbrüche stattfanden. Nach Ansicht von Geologen reicht darunter eine Spalte 20 Kilometer tief bis in den flüssigen Erdmantel. Der Albtraum, die Cumbre Vieja könnte durch einen gewaltigen Erdrutsch zerbrechen, scheint allerdings in weite Ferne gerückt. Geschürt wurde er durch Presseberichte Anfang der 2000er-Jahre, Frank Schätzing verarbeitete ihn in seinem Thriller *Der Schwarm* literarisch. Inzwischen hat aber das Vulkaninstitut der Kanaren Entwarnung gegeben.

Die Caldera de Taburiente hingegen, der große Kessel im Inselinneren, dürfte vor Jahrmillionen tatsächlich durch einen Bergsturz entstanden sein. Mit sieben Kilometern Durchmesser zählt sie zu den größten Kratern der Welt. Der Geologe Leopold von Buch (1774–1853) hatte noch die Theorie vertreten, ein einstmals hoher Vulkan sei hier über seiner durch wiederholte Eruptionen entleerten Magmakammer eingestürzt. Für derartige Bildungen führte er die örtliche Bezeichnung Caldera, Spanisch für Kessel, in die Fachsprache ein. Ausgerechnet für die von ihm erforschte Caldera de Taburiente trifft sie allerdings nicht mehr zu. Hunderte Meter hohe Felswände umgeben den zum Nationalpark erklärten Krater. Zum Meer hin entwässert er durch den Barranco de Las Angustias die »Schlucht der Todesängste«.

Beim markanten Felsen Roque de Idafe entleert der Barranco del Limonero sein durch Eisenoxide gelb gefärbtes Wasser in den Hauptstrom, der im weiteren Verlauf Engstellen in den Basaltkomplex geschnitten hat, den geologischen Grundstock der Insel. Untermeerisch entstandene Kissenlava wurde durch Hitze und Druck in der Tiefe zu Grünstein verwandelt und dann tektonisch gehoben. Ein abenteuerlicher Wanderweg führt durch die attraktive Klamm. »Wir fahren Sie hinauf zum Mirador de Los Brecitos, von dort sind Sie in fünf bis sechs Stunden wieder hier am Parkplatz«, bietet einer der Taxifahrer an, die unten vor der Schlucht auf Kundschaft warten. Dazwischen liegen 800 steinige und steile Höhenmeter Abstieg. Wer noch einen draufsetzen möchte, übernachtet zwischendurch im lichten Kiefernwald auf dem Zeltplatz am Wildbachstrand Playa de Taburiente, wo nachts nur die Sterne leuchten (Genehmigung der Nationalparkbehörde einholen).

HIER WIRD ES ALPIN

Von allen Kanareninseln überschreiten nur Teneriffa und La Palma die magische Höhe von 2000 Metern, die Obergrenze der Passatbewölkung. Darüber, im Hochgebirge, herrschen quasi alpine Verhältnisse. Im Winter zeugen morgens Eiszapfen an Rissen im Gestein von nächtlichem Frost. Nicht selten schneit es, und die Bergstraße, die das astronomische Observatorium im Gipfelbereich mit dem Rest der Welt verbindet, wird dann gesperrt. Tagsüber werden durch die umgebremste Sonneneinstrahlung durchaus 20 Grad Celsius erreicht. Eine eigenwillige Flora hält diesen rauen Verhältnissen stand, darunter das endemische La-Palma-Veilchen *(Viola palmensis)* mit seinen blauvioletten Blütenpolstern. Durch Tierverbiss ist es aber äußerst selten geworden. Naturschützer versuchen es zu retten und die Standorte durch Einzäunung vor Kaninchen und Ziegen zu schützen. Wen das botanische Jagdfieber gepackt hat, der kann es im Frühsommer am Pico Fuente Nueva beim Isaac-Newton-Teleskop sehen.

> » *Nur unterwegs erfährt man das Gefühl märchenhafter Verwunschenheit.* «
>
> Erich Kästner

EINE WANDERUNG IM CUBO DE LA GALGA lässt uns tief eintauchen in die Regenwälder von La Palma. Hier gibt es neben prächtigen Farnen auch farbenfrohe Blüten zu bestaunen, etwa die der ursprünglich aus Mexiko stammenden Trichterwinde. DIE KÖNIGSTOUR AUF LA PALMA ist eine Wanderung von Los Brecitos über die Playa de Taburiente in den Barranco de Las Angustias. ▷

VON DER ORTSCHAFT FUENCALIENTE führt eine schwarze Asphaltstraße vorbei am Vulkan Teneguía zum südlichsten Punkt der Insel.

DER FARO DE FUENCALIENTE markiert das südliche Ende der Insel La Palma.

Mystische Trommeln im Regenwald

Der Bergnebelwald Los Tilos erstreckt sich über weite Teile im Osten der Insel La Palma. Von Santa Cruz kommend nimmt man am besten die gut ausgebaute Küstenstraße nach Los Sauces. Ab da ist das Biosphärenreservat bereits ausgeschildert. Das Sträßchen, das links in die Berge führt, verengt sich alsbald und wird zur Einbahnstraße. Noch vor wenigen Minuten in Meeresnähe, gelangt man Augenblicke später in einen engen und wilden Barranco und strandet am Ende der Straße auf dem Parkplatz des Besucherzentrums. Die meisten Wege sind problemlos zu begehen und auch in ihrer Steilheit durchaus überschaubar.

Wir entschieden uns für eine Wanderung oberhalb eines wilden Barrancos zum Mirador Espigón del Atravesado, eine Tour mit einer Länge von rund neun Kilometern. Das Wetter ist in diesem Teil der Insel oftmals kühl und regnerisch. Aber wie sonst könnte dort ein immergrüner Nebelwald entstehen, der in seiner Beschaffenheit sehr an die Urwälder Boliviens erinnert?

Nach rund zwei Kilometern bescherte uns Los Tilos die ersten Regentropfen. Obwohl sich der Niederschlag im Laufe der Wanderung zu einem veritablen Dauerregen entwickeln sollte, setzten wir sie unbeirrt fort. Der anfänglich noch breite Weg zum Mirador wird nach rund zwei Kilometern langsam schmaler und auch steiler. Wir gingen immer entlang des Barrancos, der zu unserer Rechten senkrecht in eine schier unendlich tiefe Schlucht abbricht, jedoch zumeist verdeckt von strauchartigen Pflanzen. Dort, wo der Bewuchs lichter wurde, gab er den Blick frei in die Tiefe. Gegenüber ragten die Felsen höher als unser Weg in den bedeckten Himmel. Am Grund der äußerst engen Schlucht machte ich Felsbrocken und gewaltige Steine aus, hörte auch Wasser rauschen, ohne jedoch einen Fluss erkennen zu können.

Nach weiteren rund zwei Kilometern auf dem ständig ansteigenden Wanderweg kamen wir an den Abzweig zum Mirador Espigón del Atravesado. Plötzlich vernahmen wir die mystischen Klänge einer Trommel. Waren wir nicht ganz zu Anfang der Tour vor einem durch einen Felsriegel getriebenen, circa 200 Meter langen und völlig unbeleuchteten Tunnel drei ungewöhnlichen Menschen begegnet? Da hatten an einer hervorsprudelnden Quelle zwei Frauen von indigenem Äußerem gestanden, eine etwas älter, eine deutlich jünger, beide auf ihre Art sehr attraktiv und einander ähnlich, vielleicht Mutter und Tochter. Sie waren in Begleitung eines Mannes, der durch seinen athletischen Körperbau und sein feines Gesicht auffiel. Im Lauf der Wanderung hatten uns die drei irgendwann eingeholt und waren an uns vorbeigezogen.

» Wir entschieden uns für eine Wanderung oberhalb eines wilden Barrancos zum Mirador Espigón del Atravesado. «

Die steilen Treppen führen an diesem Abzweig jetzt in wenigen Minuten hinauf zum Mirador. Von Weitem schon konnten wir jene drei Menschen sehen, am höchsten Punkt, auf dem Felssporn. Er trommelte hinein in die Tiefe der Urwälder um uns herum, die Frauen meditierten, etwas abseits auf dem Felsen sitzend. Wir näherten uns und wurden freundlich empfangen. Eine Weile standen wir noch zusammen; leise sprachen wir und lernten uns in der Kürze von Minuten soweit kennen, wie es nur Menschen mit einer Seelenverwandtschaft gegeben ist und wie es nur an Orten wie diesem möglich zu sein scheint. Der Regen, der weiter unten noch so heftig niederging, war hier oben einem leisen Niesel gewichen. Nebelschwaden zogen vom Talgrund hinauf, flogen über die alten Urwälder des Los Tilos und bedeckten bisweilen die steilen Felswände der benachbarten Berge.

Wir standen auf unserem Felssporn und staunten in diese Welt hinein. Welch ein Ort! Marcos, so der Name unseres neuen Bekannten, erklärte uns, dass dies ein heiliger Platz sei für viele Menschen hier auf La Palma. Dass sie herkommen würden, um zu meditieren und die Mystik zu fühlen, die in den alten Wäldern wohnt. Und wir dachten an die Bewohner der Insel, die in diesen Tagen alles verloren hatten durch dieselbe Natur, die auch in den Tiefen der Erde wohnt und sich bisweilen als Unheil bringende Lava übers Land ergießt.

Wir verabschiedeten uns von den Meditierenden und wanderten auf unserem Weg zurück zum Parkplatz vor dem Besucherzentrum. Noch eine Weile begleiteten uns die Klänge von Marcos mystischer Trommel. ■ S. N.

» Welch ein Ort! Ein heiliger Platz für viele Menschen hier auf La Palma. «

IM SÜDEN LA PALMAS lohnt sich der Bau großer Windkraftanlagen. Nebenan rauscht die Brandung, der Blick schweift hinauf zu den Vulkanen der Cumbre Vieja.

DAS OBSERVATORIUM am Roque de los Muchachos liegt auf rund 2400 Metern Höhe und ist eine Ansammlung von Teleskopen. Zusammen mit dem Teide-Observatorium auf Teneriffa bildet das ORM das European Northern Observatory.

» Reisen ist wie Träumen: Der Unterschied besteht darin, dass sich nicht jeder beim Aufwachen an etwas erinnert, während jeder die Erinnerung an das Ziel, von dem er zurückgekehrt ist, warm hält. «

Edgar Allan Poe

SANTA CRUZ DE LA PALMA, die Inselhauptstadt, ist berühmt für ihre schmucken Balkone an den Häuserfronten der historischen Altstadt.

BLICK IN DIE CALDERA DE TABURIENTE von einem Mirador in der Nähe des Roque de los Muchachos. Im Hintergrund der rauchende Vulkan an der Cumbre Vieja. ▽▽

ensueño

» Die Kraft eines Vulkans ist mit nichts auf der Welt zu vergleichen. Du glaubst, die geologischen Vorgänge der Erde zu kennen, doch dann blickst du in einen Krater. Du siehst, was sich da unten abspielt und erkennst, dass du niemals alles begreifen wirst. Diese Gewalt! «

Carsten Peter

SOGAR BEI TAG ließ sich das Schauspiel der mächtigen Eruptionen am neu entstandenen Vulkan Tajogaite eindrucksvoll fotografieren.

NACHTS IST DIE SZENERIE an der Staatsstraße von El Paso nach Tazacorte mehr als gespenstisch. Die Lavaströme haben bereits ganze Dörfer begraben und nähern sich unaufhaltsam der Hauptverbindungsstraße.

DORT, WO SICH DIE GLÜHENDEN LAVASTRÖME ins Meer ergossen, entstand eine gewaltige Halbinsel aus erkaltetem Magma. Die Dämpfe, die sich bei dem Kontakt der Lava mit dem Meerwasser bilden, sind extrem giftig.

MÄRCHENWÄLDER UND FELSWÄNDE

La Gomera

La Gomera sei die Hippie-Insel der Deutschen, heißt es. In der Tat sind im Valle Gran Rey regelrechte Kolonien deutscher Auswanderer entstanden, und dies schon seit den frühen 1980er-Jahren. Hier scheinen die Einheimischen regelrecht vertrieben zu sein, denn man spricht Deutsch. Aber das Valle, wie man sagt, ist beileibe nicht La Gomera. Fährt man an der Küste entlang Richtung Westen, gelangt man zu den Los Órganos, die man aber nur vom Meer aus besuchen kann. Diese riesigen Basalt-Kunstwerke der Natur machen einfach sprachlos. Im Inselinneren kann man in schier endlosen Bergurwäldern wandern, an der Nordküste im unfassbar schönen Naturschwimmbecken Pescante de Hermigua baden und nahe dem Nationalpark Garajonay den frei stehenden Felsmonolithen Roque de Agando bestaunen. Die Wanderung im Barranco de Argaga oder die Besteigung des Tafelbergs Fortaleza de Chipude bieten trittsicheren Wanderern unvergessliche Erlebnisse. Die kleine runde Insel ist der perfekte Kosmos für jeden Genießer. ■ S. N.

DER ROQUE DE AGANDO, eines der Wahrzeichen La Gomeras, wirkt im abendlichen Sonnenlicht besonders mystisch.

EINE GROSSARTIGE RENNRADSTRECKE führt durch den Regenwald von Garajonay.

Eintauchen in den Lorbeerdschungel

Nur vom Meer aus sind Los Órganos zu sehen, eine dreistündige Bootsfahrt führt zu den steinernen »Orgelpfeifen« im Nordwesten La Gomeras. Unterwegs gibt es bereits Informationen über die gewaltigen, dicht an dicht gepackten Basaltsäulen. Sie entstanden gegen Ende einer Eruption in einem verstopften Krater. Während die Lava oben schon erstarrte, blieb es weiter unten heiß.

Senkrecht zur Abkühlungsfläche formten sich die sechseckigen Säulen. Später nagte die Brandung an dem Vulkan und legte die Orgelpfeifen frei. Aus der Ferne betrachtet ähnelt die gigantische Gesteinsformation der Orgel einer Kathedrale. Ein »Denkmal mit Meeresmusik« wird sie von den Gomeros liebevoll genannt.

Die kargen Hänge rund um die Hafenstadt San Sebastián überziehen kaktusähnliche Pflanzen, die ihre kandelaberförmigen Äste wie Arme in die Luft strecken. Es ist die Kanarische Wolfsmilch *(Euphorbia canariensis)*, die Einheimischen nennen sie *cardón*. Auch wenn die Art aktuell nicht bedroht ist, so wird mittlerweile doch um jedes Exemplar gekämpft. Erst kürzlich setzten sich Umweltaktivisten bei Bauarbeiten auf Teneriffa vor einige hundertjährige *cardones*, um sie vor den Baggern zu schützen. Mit den aus Amerika stammenden Kakteen sind die Wolfsmilchgewächse nicht verwandt, haben aber an vergleichbaren Standorten ähnliche Formen entwickelt. Zwar sind Euphorbien nur selten stachelig, doch es gibt welche mit Dornen, weshalb die Pflanzenfamilie auch den Beinamen Kakteen Afrikas trägt. Während Kakteen sogar – wie die auf den Kanaren häufig verwilderten Opuntien – essbare Früchte, die Kaktusfeigen, hervorbringen, ist bei Wolfsmilchgewächsen Vorsicht geboten. Ihr Milchsaft ist giftig und greift die Schleimhäute an.

KANARISCHER DSCHUNGEL

Auch Teneriffa und La Palma haben großartige Lorbeerwälder. Aber auf La Gomera ist das gesamte gebirgige Inselinnere von Laurisilva, wie diese üppige Waldformation auf den Kanaren heißt, bedeckt. Bei einem Spaziergang durch den Nationalpark Garajonay klärt eine Umweltpädagogin ihre Zuhörer über einen verbreiteten Irrtum auf: »In seinem heutigen Zustand ist der Laurisilva kein Urwald. Jahrhundertelang wurde er sehr intensiv genutzt.« Vorrangig als Weidegebiet und zum Holzeinschlag. Belaubte Zweige wurden als Viehfutter geerntet und heruntergefallenes Laub als Stallstreu genutzt. Inzwischen sei all das streng verboten, erzählt sie, denn der Lorbeerwald wurde als Relikt einer einst in ganz Europa verbreiteten, immergrünen Vegetation erkannt. Das Eiszeitalter überlebte er nur auf den wintermilden Inselgruppen Azoren, Madeira und Kanaren. Namengebend

waren vier Bäume aus der Familie der Lorbeergewächse. Rund 15 weitere Baumarten, zahlreiche Büsche, Kräuter, Farne und Moose machen ihn zur artenreichsten Pflanzengesellschaft der Kanaren. Der fast täglich in mittleren Höhenlagen aufziehende Passatnebel ist sein Lebenselexier. Besuchern fällt es auf La Gomera leicht, den Lorbeerwald zu erkunden: Zahlreiche Wanderwege durchziehen das Gebiet.

Als religiöses Zentrum der Ureinwohner, der Guanchen, gilt die Fortaleza de Chipude. Auf dem Gipfelplateau des markanten Tafelbergs wurden Reste eines Tempels entdeckt, offenbar brachte man hier Tieropfer dar. Auch scheint man sich bei Gefahr auf der Fortaleza verschanzt zu haben. Zu allen Seiten bricht das Plateau senkrecht ab, nur ein schmaler Kletterpfad führt hinauf, an dem sich erstaunlich viele Wanderer abrackern. Ohne gelegentliche Zuhilfenahme der Hände geht es kaum. Ursprünglich entstand der Berg unterirdisch als Quellkuppe. Saures, zähflüssiges Magma konnte nicht bis zur Oberfläche vordringen und hat sich dort gestaut. Die Deckschichten aus weichem Tuffgestein wurden später durch Wind und Regen abgetragen.

EINE KLEINE WASSERWELT

Mit einer langen Stange zieht ein Fischer einen Oktopus aus seinem Unterschlupf im Felswatt hervor. Sorgfältig legt er ihn zu den bereits gefangenen in die Kiste. »Fische gibt es hier viel zu wenige. Da kommen den Restaurants die Tintenfische gerade recht«, erklärt er auf Nachfrage. Für ihn ist es eine leicht errungene Beute. Allerdings werden die eigentlich recht neugierigen Tiere durch diese Praxis immer scheuer. Weniger kulinarisches Interesse besteht an den Kleintieren, die sich ebenfalls in den flachen Gezeitentümpeln der Brandungszone tummeln. So leben sie in ihrer kleinen Welt weitgehend unbehelligt, die Vielfalt ist groß. Wer sorgfältig hinschaut, wird die Wachsrose entdecken, deren nesselnde Tentakel grünlich sind mit rosa Spitzen. Damit fängt sie die fast durchsichtigen Felsengarnelen ein. Hin und wieder lugt eine Strandkrabbe hervor, um Algen abzuweiden, verzieht sich aber rasch wieder in eine schützende Spalte. Einsiedlerkrebse nisten sich in leeren Schneckengehäusen ein, in denen sie bei Gefahr verschwinden. Leicht übersieht man die Seepocken, auch sie Krebse, zu Hunderten sitzen sie fest beieinander an der Gezeitengrenze. Bei Ebbe verschließen sie ihre Chitinpanzer mit einer Kalkplatte, um nicht auszutrocknen.

Die Mutter aller Barrancos ist das Valle Gran Rey, das Tal des Großen Königs, nicht nur wegen des legendären Hippie-Flairs, sondern auch wegen seiner Grandiosität. Oben rahmen hohe Felswände einen Talkessel ähnlich einem Amphitheater

DIE BASALTSÄULEN Los Órganos im Licht des späten Tages. ◁
IM REGENWALD des Nationalparks Garajonay lassen sich beeindruckende Lichtspiele beobachten.

ein, der sich zum Meer hin stark verjüngt. Daneben braucht sich der Barranco de Guarimiar im sonnigen Süden La Gomeras kaum zu verstecken. Steile Felsen flankieren seine enge Klamm, Steinmännchen weisen Wanderern den Weg. Dieser ist als alte Verbindungsroute so geschickt angelegt, dass Schwindelgefühle kaum zu befürchten sind. Bei seltenen starken Regenfällen schießen innerhalb von Minuten hohe Wasserwände durch die Schlucht und reißen Gesteinsschutt mit, der sich im Bachbett angesammelt hat. So kommt die Erosion in Gang, die für die Bildung der Barrancos verantwortlich zeichnet, sich aber offenbar großteils in vor Jahrtausenden feuchterem Klima abgespielt hat.

DURCH SCHLUCHTEN RUTSCHEN

Die starke Zerfurchung La Gomeras verdankt sich dem kurzen, steilen Weg des Wassers vom fast 1500 Meter hohen Inselzentrum bis zum Meer. Extremsportler versuchen sich im *barranquismo*, dem Canyoning, gern im Barranco del Cedro. »Zwei bis drei Stunden werden wir brauchen«, verkündet der Führer der kleinen Gruppe Unentwegter, die sich – mit 60 Meter langen Seilen ausgestattet – im Weiler El Cedro eingefunden hat. Gleich unterhalb beginnt der interessanteste Part. La Gomeras höchster Wasserfall ist zu überwinden, drei fast senkrechte Abstiege von je 50 Meter Höhe stehen den Teilnehmern bevor. Ganzjährig sprudelt hier im regenreicheren Norden der Insel Wasser, dem es seitlich auszuweichen gilt, um nicht ins Rutschen zu kommen. Beim Anblick des kleinen Teichs, der sich ganz weit unten am Fuß des Felsabhangs gebildet hat, gilt es die Zähne zusammenzubeißen. Ganz ungefährlich ist das Vergnügen nicht: Im Dezember 2020 musste ein Paar, das im Barranco stecken geblieben war, unter abenteuerlichen Umständen gerettet werden. Doch diesmal geht alles gut. Unten angekommen.

DAS NATURMONUMENT LOS ROQUES überrascht mit einer irrwitzigen Kombination aus nackten Felsen und dichtem Dschungel.

DER AUSSICHTSPUNKT IGUALERO liegt fast genau in der Inselmitte, am Rande des Nationalparks Garajonay, auf einer Höhe von 1321 Metern.

*» Reisen bedeutet herauszufinden,
dass alle Unrecht haben mit dem,
was sie über andere Länder denken. «*

Aldous Huxley

DER ZAUBERHAFTE LORBEERWALD im Nationalpark Garajonay ist seit 1986 UNESCO-Weltnaturerbe.

AM CHIPUDE

Große Freiheit auf dem Tafelberg

Im südwestlichen, einem gebirgigen Teil der Insel La Gomera ragt eine merkwürdige Berggestalt gen Himmel. Nicht mit Spitze oder Gipfel, sondern ein flaches Gebilde aus Stein. Die Fortaleza de Chipude ist ein Tafelberg wie aus dem Bilderbuch. Und der erhebt sich in Sichtweite von Kollegen – wie dem phallischen Roque de Agenda oder der Felsengruppe Los Roques – ganz ungeniert wie ein riesiger Big Mac 1241 Meter in die Höhe. So flach wie er oben ist, so steil ist er ringsherum. Als echter Tafelberg ist die »Festung« alles andere als ein herkömmlicher Berg. Angelikas Schwester Michaela hatte uns davon erzählt, und so beschlossen wir, über den normalen Weg dort hinaufzusteigen.

Mit dem Auto ging's zunächst nach Pavón. Der Weg hinauf zum Fuß der Bergwand ist kinderleicht zu finden. Von einer Parkbucht am Ortsanfang wandert man in eine hohle Gasse und zwischen den kleinen Häuschen der Bergbauern hindurch. Dies wäre gewiss bereits ein toller Auftakt für einen Nachmittagsbummel, wären da nicht die zahlreichen Hunde, die augenscheinlich im direkten Wettstreit miteinander stehen, wer wohl den furchterregendsten Eindruck auf harmlose Wanderer hinterlässt. Gefolgt von wütendem Gebell liefen wir durch den Ort. Als der Weg zwischen Kaktusfeigen und durch ein Steintor Richtung Berg abknickte, wurde es den Kläffern dann offensichtlich zu unbequem und sie traten den Heimweg an. Augenscheinlich hatten wir ihr Revier verlassen und bewegten uns nun im hündischen Niemandsland.

Noch weit vor dem Fuß der Bergwand mussten wir feststellen, dass sich der Chipude größerer Beliebtheit erfreute, als wir vermutet hatten. Zwei Gruppen von je drei bis vier Personen versuchten sich an dem Gestein hochzuarbeiten. Der Normalweg ist durch Steintreppen gut entschärft, teilweise gemauert oder einfach als Stufen in den Fels gehauen. Trittsicherheit ist hier sicher nützlich, Schwindelfreiheit jedoch unerlässlich. Die beiden Gruppen waren alles andere als homogen, wodurch sie sich nicht oder nur ansatzweise fortbewegten. Also entschlossen wir uns, zumindest im unteren Teil der Wand neben dem Weg im Felsen frei hinaufzuklettern.

Den festen und griffigen Phonolith in die Hand zu nehmen, machte wirklich Spaß. Leider war die Wand nicht allzu hoch, und so hatten wir schon bald die Wandergruppen überholt und gingen dann das letzte Stück auf dem Normalweg zum Plateau hinauf.

» Hier oben zu stehen, erzeugt ein herrliches Gefühl von Freiheit. Man meint, auf einer einsamen Insel über der Erde zu schweben. «

Pulteben ist es hier oben. Ein bequemer Pfad führt um den Berg herum. Auf dieser Hochebene wurden vor Jahren Strukturen von Trockenmauerwerk entdeckt, welche noch aus vorspanischer Zeit stammen sollen. Außerdem gibt es 25 Opferstätten und Steinkreise. La Fortaleza ist eine der bedeutendsten archäologischen Fundstätten der Insel La Gomera.

Hier oben zu stehen, erzeugt ein herrliches Gefühl von Freiheit. Man meint, auf einer einsamen Insel über der Erde zu schweben. Wohin man sieht, gibt es nur Weite und in der Ferne das blaue Meer. Beim Umblicken bemerkten wir, dass sich am äußersten Ende ein schmaler Felsgrat gegen Süden erstreckt. Dorthin führte der Pfad nicht. Als wir den Weg verließen und auf diesen Grat zuliefen, änderte sich die Struktur des Untergrunds. Auf der Ebene waren wir noch auf Sand gegangen, hier war nur noch nackter Fels unter den Füßen. Nicht steil und gefährlich, jedoch etwas schwindelerregend ging es im Auf und Ab über die Klippen. Nach jeder Kuppe erschien eine Weitere, bis La Fortaleza irgendwann nur noch an allen Seiten senkrecht abstürzte. Hier war der Blick durch nichts zu überbieten. Rechts die Serpentinen der Straße im Gelb der Felder. Dazwischen sattgrüne Flecken, wohl Pinienwald, dahinter das Meer. Und links blickten wir auf eine bergige Landschaft, in der wir im Nebel die Urwälder Gomeras ausmachen konnten.

Zurück an der Nordwand, wo der Weg für den Anstieg beginnt, war gottlob niemand mehr unterwegs. Im Hohlweg von Pavón erwartete uns jedoch wieder die Hunde-Eskorte. Unter asthmatisch schnaubendem Protestgebell verließen wir den Ort und kehrten zurück ins Valle Gran Rey. ■ S. N.

» Rechts die Serpentinen der Straße im Gelb der Felder. Dazwischen sattgrüne Flecken, wohl Pinienwald, dahinter das Meer. «

DER STRAND PLAYA DEL INGLES im Valle Gran Rey gilt als einer der schönsten Strände von La Gomera. Zum Schwimmen ist er jedoch aufgrund der starken Strömungen weniger geeignet.
MEHRMALS IN DER WOCHE treffen sich Künstler und Musiker im Valle Gran Rey zu einer abendlichen Performance. ▷

*» Der Ozean kennt keine völlige Ruhe –
das gilt auch für den Ozean
des Lebens. «*

Mahatma Gandhi

LOS ÓRGANOS bilden ein majestätisches Felsmassiv an der Nordküste von La Gomera. Ohne Zweifel handelt es sich dabei um die schönsten Basaltformationen der Kanaren.

DAS CASTILLO DEL MAR ist eine ehemalige Bananen-Verladestation in Vallehermoso, im Norden von La Gomera.
NAHE DER ORTSCHAFT HERMIGUA liegt das Meerwasser-Schwimmbecken El Pescante. Die Betonpfeiler am Rande sind Reste einer einstigen Verladestation.

HOTEL
HOTEL
PUNTAGRANDE

PURE MAGIE

El Hierro

Einst markierte sie das westliche Ende der Welt und scheint bis heute auf ihre Entdeckung zu warten. El Hierro ist die kleinste Insel des kanarischen Archipels. Im Jahr 2000 wurde sie zum UNESCO Biosphärenreservat erklärt. Keine andere Kanareninsel blieb derart vom Massentourismus verschont. Nicht umsonst zieht es Brian May, den Lead-Gitarristen der Rockband Queen, regelmäßig hierher. Er verbringt dann seine Zeit im kleinsten Hotel der Welt in Las Puntas, wo man in vollkommener Ruhe die Schönheit und Stille genießen kann. Wer einsame und spannende Wanderungen liebt, wer in sich hineinhorchen mag, wer wirklich einmal fernab von jedem Stress und jedweder Hektik ein Stück seines Lebens verbringen möchte, der ist auf dieser Insel goldrichtig. Durchaus wahrscheinlich, dass hier die Magie erfunden wurde und dass sich bis heute Zauberer und Feen in den Nebelurwäldern an den Steilhängen versteckt halten. Doch Vorsicht: Das Suchtpotential El Hierros ist gewaltig und kann zu Entzugserscheinungen führen! ■ S. N.

DAS HISTORISCHE HAFENHÄUSCHEN in Las Puntas beherbergt heute das kleinste Hotel der Welt.

Heilige Bäume, Nebelwald und tropische Korallen

Tief in einer Felsspalte versteckt sich der Árbol Garoé. Eine Lehrerin zeigt ihrer Schulklasse diesen heiligen Baum der Urbevölkerung. »Selbst bei sommerlicher Dürre tropft stetig Wasser von seinen Blättern«, erzählt sie. »Als 1405 die europäischen Eroberer kamen, waren alle Quellen ausgetrocknet. Doch die Ureinwohner litten dank des Baums keinen Durst.«

Durch Verrat erfuhren die Konquistadoren von dem Wunder und konnten daraufhin El Hierro einnehmen. Das Original, ein riesiger Stinklorbeer, fiel 1610 einem Unwetter zum Opfer. Erst 1949 pflanzte man einen neuen, inzwischen recht stattlichen Garoé. Tatsächlich sammelte sich auch nach der Zerstörung des ersten Baums Wasser in farnbewachsenen Grotten an der exponierten Felswand. Die Nebeltropfen aus den von Norden heranziehenden Wolken versickern und treten über undurchlässigen Gesteinsschichten wieder aus. So gruben die Hirten seit jeher im Umkreis des Garoé Löcher in den Boden, um dieses Wasser anzuzapfen.

BLICK IN DIE TIEFE

Jeder Insel wollte Lanzarotes Künstler César Manrique einen seiner brillant konstruierten Aussichtspunkte schenken. Nicht überall konnte er das verwirklichen, doch auf El Hierro ist es ihm mit dem Mirador de la Peña gelungen. Die halbkreisförmige, von mehr als 1000 Meter hohen Wänden gesäumte Bucht El Golfo liegt hinter schräg gestellten, bodentiefen Fenstern zu Füßen der Betrachter. El Golfo wurde früher für den Rest einer Caldera gehalten, eines riesigen Einsturzkraters also, von dem man annahm, er sei teilweise im Meer versunken. Neuere Vorstellungen gehen von einer Entstehung durch Erosion aus, durch tektonische Risse begünstigt. Demnach wäre der »Kraterrand« das Relikt eines einstmals viel größeren Vulkans.

RÄTSEL IM NEBELWALD

El Hierros schönster Lorbeerwald wächst bei der Fuente de Mencáfete, einer ergiebigen Quelle oberhalb von Sabinosa. Seine Ausmaße sind aber begrenzt. Typischer für die Höhenlagen der Insel ist ein lichter Nebelwald, der Fayal-Brezal. Am Parkplatz La Llanía beginnen Rundwege durch das Gebiet. Wanderer tauchen zunächst in den Fayal ein, den ehrwürdige »Inselbuchen«, *faya*, prägen. Mit den uns bekannten Buchen sind sie allerdings nicht verwandt, sondern vielmehr mit dem in nordwestdeutschen Mooren wachsenden Gagelstrauch. Bald löst Baumheide, *brezo*, die Gagelbäume ab. Trotz ihrer dicken Stämme und des stattlichen Wuchses – bis 20 Meter Höhe erreichen alte Exemplare – gehört sie doch der Gattung Erica an. Allerdings blüht sie recht unscheinbar.

Auch im Fayal-Brezal tropft unablässig Wasser von den Bäumen. Ehemalige Wasserlöcher sind aber inzwischen verschlammt. Heute führen die Ziegenhirten ihre Herden zu einer Zisterne, in der sich das Wasser der Fuente del Lomo sammelt, und gönnen sich auch schon einmal selbst einen Schluck von dem nicht immer ganz klaren Nass. »Hier in der Nähe war früher ein Hexentanzplatz«, weiß einer von ihnen. Ob sich einst tatsächlich in Vollmondnächten die weisen Frauen aus den umliegenden Dörfern in diesem geheimnisvollen Märchenwald versammelten?

Am trockeneren Westabhang der Insel punktet El Sabinar mit einem urigen Wacholderhain, dem letzten größeren der Kanaren. Uralte, krumme Exemplare des Phönizischen Wacholders wurden von dem stetig wehenden Wind bizarr verformt. Wie ein Haarschopf lehnen sich ihre nur im Windschatten benadelten Zweige an den dicken Stamm. Die Bevölkerung nutzte das wertvolle Holz dieses *sabina* genannten Baums jahrhundertelang als Brenn- und Baumaterial und zur Herstellung von Möbeln und Geräten. Heute steht der verbliebene Bestand unter strengem Schutz.

ZU STRICKEN GEDREHT

Mitten im Lavastrom Los Lajiales, der sich vor 6000 Jahren über den Süden El Hierros ergoss, steht einsam das Besucherzentrum des Geoparks, zu dem die UNESCO die »Insel der 1000 Vulkane« ernannte. In Wirklichkeit sind es »nur« etwa 500 offene Krater, hinzu kommen 300 von Lava bedeckte. Neben dem Besucherzentrum sind beim Straßenbau zerschnittene, enge Lavaröhren zu sehen, wie auch »Stricklava« an der Oberfläche des Lavastroms. Deren Name erklärt sich durch die Form: Die in Schlingen aneinandergereihten »Stricke« oder »Seile« entstehen beim langsamen Abfließen von Lava, die kurz vor dem

WEISS LEUCHTET die Iglesia de la Candelaria auf einem Hügel in der Ortschaft La Frontera. Dickblattgewächse finden hier trotz der Kargheit ihr Auskommen.

DIE VULKANE VON LOS LAJIALES im Süden El Hierros zeigen in beeindruckender Weise, wie die Lavaströme aus den Kratern zu Tal flossen. ▽▽

Erstarren an der Oberfläche bereits eine Haut bildet, welche wiederum zusammengeschoben wird, weil das flüssige Gestein darunter noch weiterfließt. Seltene Dickblattgewächse der Art *Aeonium valverdense* drängen sich aus Ritzen im Gestein und kommen dort mit einem Minimum an Wasser aus. Die für die Kanaren typische Gattung Aeonium hat es hier zu einer erstaunlichen Vielfalt gebracht. Allein auf El Hierro werden sechs Arten gezählt, die unterschiedliche ökologische Nischen besetzen. »Die Kanarischen Inseln verändern sich durch menschliche Aktivitäten rasch«, schreibt der Sukkulenten-Spezialist Marco Cristini. »El Hierro und seine Flora zählen zu den letzten Zeugen der Welt von gestern, einer Welt mit weniger Siedlungen und Ackerbau, aber mehr Wildpflanzen.«

EIN HAUCH VON TROPEN

Juan lebt auf Teneriffa, aber zum Tauchen kommt er regelmäßig nach La Restinga. Hier gibt es mehr Tauchzentren als auf mancher größeren Kanareninsel. An der Südspitze El Hierros werden die höchsten Wassertemperaturen des Archipels gemessen, entsprechend tropisch bunt präsentiert sich die Meeresfauna, in krassem Gegensatz zur spärlichen Tierwelt an Land. »Für Korallenriffe ist es dennoch zu kühl«, sagt Juan mit leisem Bedauern. »Doch immerhin beobachte ich regelmäßig ziemlich exotische Arten wie zum Beispiel Drückerfische oder Skorpionfische. Auch Adlerrochen habe ich schon gesehen und sogar einen Walhai, der zwar um die zehn Meter lang ist, aber völlig friedlich.« Zu gern wäre er dabei gewesen, als 2016 das Tauchboot »Jago« erste wissenschaftliche Untersuchungen an dem ab Juli 2011 unter Wasser entstandenen Vulkan vor La Restinga vornahm. Dieser mittlerweile vorletzte Ausbruch der Kanaren hatte sich zunächst durch Tausende von Schwarmbeben bemerkbar gemacht. Nach einem Riesenbeben wurde der Ort am 11. Oktober evakuiert. Dann drang erst Kohlendioxid, bald darauf Schwefelwasserstoff aus mehreren Schloten. Gasblasen ließen die Meeresoberfläche perlen wie in einem gigantischen Whirlpool, Bimssteine und tote Fische trieben auf dem Wasser, Dampffontänen stiegen auf. Noch 80 Meter fehlten, und es wäre eine neue Insel entstanden. Doch dann kam die Aktivität von Tagoro, wie der Vulkan heute heißt, zum Stillstand. Am 6. März 2012 wurde die Eruption für beendet erklärt. Das Forschungsboot konnte allerdings noch fünf Jahre später großflächigen Austritt warmen Wassers feststellen. Inzwischen überzieht eine riesige weiße Matte die Hänge des Tagoro, die ein Team der Universität Barcelona als Bakterienteppich identifizierte. Die wegen ihrer haarähnlichen Struktur Venushaar getauften Bakterien fanden offenbar in der untermeerisch erkalteten Lava ideale Lebensbedingungen und zählen zu den spektakulärsten neu entdeckten Arten der letzten Jahre.

MYSTISCHES EL HIERRO

An einer wilden, magischen Küste

Auf Gran Canaria hatten wir wirklich Pech, der Motor unseres Marco Polo hatte auf der Autobahn seine Seele ausgehaucht. Diagnose: Motorschaden. Tage des Wartens gingen ins Land, doch dann bekamen wir einen neuen Wagen zur Weiterfahrt gestellt und konnten mit einiger Verspätung nach El Hierro übersetzen. Mit Campen war aber nun erst mal Schluss, und so schauten wir uns nach einer Unterkunft um. Hatte ich nicht vom kleinsten Hotel der Welt gelesen, in Las Puntas? Zu unserem großen Glück war dort tatsächlich ein Zimmer frei.

Puntagrande ist der Name dieses besonderen Ortes. Das Haus thront auf einer Lavazunge, die komplett von den Wogen des Atlantiks umspült wird, und war einst das Handelszentrum der Insel. Um 1830 erbaut, diente es zu Beginn des 20. Jahrhunderts als Hafenhaus und bekam einen Verladekran. 1969 wurde hier zum ersten Mal eine Bar eröffnet, doch später verfiel das Gebäude und wurde erst 1975 von einem bekannten Architekten restauriert. Das Innere gestaltete der Künstler Néstor de la Torre, unter anderem mit Säulen vom ehemaligen Rathaus aus Telde. César Manrique war hier als Freund des Hauses zu Gast, und Brian May von der Rockband Queen verbringt gern seine Zeit an diesem magischen Ort. Die Form des Gebäudes erinnert an ein Schiffchen, und es ist auch kaum größer als ein mittlerer Fischkutter. 2019 erhielt es von der kanarischen Regierung den Titel »Sehenswürdigkeit von nationalem Interesse«.

Das Gastgeberehepaar David und Paula bereitete uns am späten Abend der Ankunft ein köstliches Fünfgangmenü im historischen Restaurant. Unter dem Balkon unseres Zimmers tobte das Meer, während wir unsere erste Nacht an diesem einzigartigen Platz verbringen durften. Bei bestem Wetter machten wir uns dann am Morgen auf, die Insel zu erkunden, zunächst von Las Puntas Richtung Westen nach El Verodal. Nach kurzer Fahrt erreichten wir La Maceta, ein Naturschwimmbad mit drei Becken verschiedener Größe. Direkt neben den ruhigen Pools kann man auf wilden Lavafelsen wandern. Einen Steinwurf weiter nach Westen gelangten wir zum Charco Los Sargos, wo gigantische Felsenbögen wie überdimensionierte Brücken das Meer umspannen. Dahinter gibt es geheime Plätze und kleine Kiesstrände, die man über gemauerte Treppchen oder gestufte Felsen erreicht. Das Meer war hier fast unwirklich gelb, blau, grün und türkis, eine Kulisse, die uns ganz sonderbar erschien. Hinter diesem quirlig bunten Gemälde der Natur erhebt sich zudem die wolkenverhangene Steilwand von El Golfo.

» Direkt neben den ruhigen Pools kann man auf wilden Lavafelsen wandern. «

Am Charco Azul, einem weiteren Naturschwimmbad, führt eine steile Treppe Hunderte Stufen zum Meer. Rechts des Beckens gelangt man zu einem wundersamen, höhlenartigen Felsbogen. Das Meerwasser bildet eine blaugrüne Lagune, die durch einen felsigen Wall vom Rest des Ozeans getrennt ist. Hier zu baden ist wirklich ein Muss. Das Wasser ist angenehm, viel wärmer als weiter draußen im Meer. Wir setzten uns nieder auf die feuchten Steine und staunten über die Schönheit dieser Insel. Die jungen Menschen, die in der Lagune ein Bad genossen, schienen ausnahmslos Einheimische zu sein.

Der Playa del Verodal, unser Tagesziel, liegt im äußersten Westen von El Hierro. Direkt hinter dem 200 Meter langen Strand ragt ein Felsrücken aus schwarzem Vulkangestein empor, der aussieht, als sei er aus lauter einzelnen Lavaschichten zusammengesetzt worden. Der Sand dieser felsigen Bucht machte den Ort bekannt, denn er ist karminrot. Es wächst nichts Grünes in diesem kargen Teil der Insel, und doch bietet das Rot des Strandes gemeinsam mit dem Blaugrün des Meeres ein einzigartiges Farbenspiel. Hier waren wir nun vollkommen alleine. Komm, lass uns den Sonnenuntergang am Hotel genießen, sagte Angelika leise. Wir gingen zurück zum Wagen und fuhren heim zum kleinsten Hotel der Welt. ■ S. N.

» Das Wasser ist angenehm, viel wärmer als weiter draußen im Meer. «

EL SABINAR ist der letzte Wacholderwald der Insel. Der eindrucksvolle Drehwuchs ist weltweit einzigartig und den starken Winden geschuldet, der auf die Hunderte Jahre alten Bäume einwirkt.

DIE STEILWÄNDE VON EL GOLFO sind die letzten Reste eines riesigen, zu zwei Drittel im Meer versunkenen Vulkans.

DIE VULKANKETTE bei La Restinga lässt sich am besten aus der Luft bestaunen. Keine Kanareninsel weist mehr Vulkane auf als El Hierro. ▽▽

NICHT VON DIESER WELT

Lanzarote und La Graciosa

Liebe auf den ersten Blick? Gar nicht so selten bei Lanzarote. Oft empfinden Besucher eine spontane Begeisterung für die schroffe Schönheit der wilden Vulkanlandschaft. Schier unendliche Lavafelder kann man hier erwandern, bizarre Vulkane besteigen und geheime Plätze entdecken. Nicht ohne Grund trainierte der deutsche ESA-Astronaut Matthias Maurer auf Lanzarote für eine Mondmission. Die Insel scheint nicht von dieser Welt. Im grandiosen Timanfaya-Nationalpark beobachten Wissenschaftler, wie unsere Erde entstanden sein könnte, denn am 1. September 1730 öffnete sich hier die Erdkruste und die Bildung der Feuerberge nahm ihren Anfang. Inmitten immer noch schwarzer, nur mit kleinen Spuren organischen Lebens bestäubter Lava findet man Berge ganz anderer Färbung: Weiße und rote Kegel erheben sich aus dem pechschwarzen Meer, sogenannte *islote*. Es handelt sich um alte Vulkane, welche von dem frischen Magma umflossen wurden und wie Inseln aus den erkalteten Wogen der schwarzen Lava hervorragen. ■ S. N.

VOM GIPFEL DES VULKANS direkt bei der Ortschaft Yaiza hat man den perfekten Blick auf den Nationalpark Timanfaya.

DAS GRÜNE WASSER der Lagune bei El Golfo hat eine höhere Dichte und einen höheren Salzgehalt als das des Toten Meeres.

Dunkle Höhlen und helle Strände setzen Akzente

El Golfo ist am schönsten am späten Nachmittag. Dann tauchen die warmen Strahlen der untergehenden Sonne die kleine Lagune an der Westküste von Lanzarote in ein warmes Licht. Deren hoch salziges Wasser schimmert geheimnisvoll grün – eine Färbung, die sich ganz speziellen Algen verdankt.

Souvenirläden breiten im benachbarten Fischerdorf ihr Angebot aus: Halsketten, Ringe, Armbänder, viele davon mit einem olivgrünen Halbedelstein besetzt. »Ist der wirklich von hier?«, will eine britische Touristin wissen. »Der Schmuck wird auf den Kanaren hergestellt, ja. Doch den Olivin müssen wir inzwischen aus Brasilien importieren«, gibt die Verkäuferin zu. »Das Sammeln am Strand ist verboten.« Kaum mehr als ein paar Krümel des begehrten Schmucksteins liegen noch auf dem Kieswall, den die Brandung zwischen dem Meer und der halbmondförmigen Lagune aufgeworfen hat, aber mit der Zeit wird es wieder Nachschub geben. Olivin entstammt dem Erdmantel und kristallisierte in der basaltischen Lava aus, die große Teile von Lanzarote bedeckt. Durch Verwitterung gelangt das spröde Mineral ins Strandgeröll.

Vom Aussichtspunkt schweift der Blick zum Halbrund des Vulkankraters, in den die Lagune eingebettet ist. Im Eiszeitalter, im Pleistozän, hatte es eine gewaltige Eruption am Meeresboden vor der damaligen Küste gegeben. In Kontakt mit dem kalten Atlantikwasser explodierte das Magma und lagerte sich als ockerfarbener Tuff ab. Aus dem Kraterrand ragen die windgeschliffenen, zackigen Kanten dieses lockeren Gesteins heraus. Längst ist die Hälfte des ehemaligen Vulkans durch das stete Nagen der Brandung im Meer verschwunden.

IN DEN FEUERBERGEN

Ganz anders die rund 100 Vulkankegel, die den verheerenden Ausbrüchen der Jahre 1730 bis 1736 zu verdanken sind und heute die rot leuchtenden Feuerberge – die Montañas del Fuego – im menschenleeren Nationalpark Timanfaya übersäen. Schon seit Jahren ist es untersagt, mit dem Geländewagen durch diese Mondlandschaft zu brettern. Gestattet ist nur die Fahrt zum Islote del Hilário, wo der Sage nach ein Einsiedler jahrzehntelang mit seinem Kamel als einzigem Gefährten hauste. Dort steht schon ein Nationalparkranger bereit, um zu demonstrieren, wie Erdwärme funktioniert. In ein vorbereitetes Loch kippt er kaltes Wasser, sogleich schießt eine Dampffontäne heraus. »Schon wenige Zentimeter unter der Oberfläche ist der Boden kochend heiß«, erklärt er dem staunenden Publikum.

Währenddessen ist einer seiner Kollegen mit einer kleinen Wandergruppe auf der einsamen Ruta de Tremesana unterwegs, dem einzigen erlaubten Wanderweg (nur mit Führung!) in den Feuerbergen. Hautnah spüren die Teilnehmer, wie

sich die scharfkantig erstarrte Lava in die Schuhsohlen bohrt. Flechten in allen Farben überziehen als praktisch einziger Bewuchs die Vulkanwüste. »Rund 200 Flechtenarten wurden gezählt«, verkündet der Guide stolz. Er deutet auf eine weißliche Kruste, die das Gestein überzieht: »Am wichtigsten ist diese hier, *Stereocaulon vesuvianum.* Diese Flechte bereitet den Boden durch Verwitterung ganz allmählich für anspruchsvollere Pflanzen vor.«

Die meisten Besucher des Nationalparks Timanfaya begnügen sich allerdings mit der im Eintrittspreis enthaltenen Busrundfahrt auf der Ruta de los Volcanes. So muss der Blick aus einem Mondfahrzeug sein: Sie touren durch die bizarre Landschaft aus Vulkankegeln, Kratern, Schloten und das mit rötlichem Lavagrus bestreute Tal der Stille, das Valle de la Tranquilidad. Anschließend aber winkt die Einkehr im Restaurant El Diablo. Lanzarotes genialer Inselkünstler César Manrique, der den fast fensterlosen und ohne Ecken konzipierten Bau aus grauschwarzen Lavaquadern entwarf, machte sich die Erdwärme für einen Naturgrill zunutze. Dort brutzeln Hähnchenschenkel über der heiß ausströmenden Luft.

SENSIBLE HÖHLENBEWOHNER

Manrique war es auch, der im grünen Norden Lanzarotes eine zuvor als Müllkippe genutzte Vulkanhöhle durch eigenwillige Dekoration in das begehbare Kunstwerk Jameos del Agua verwandelte. »Guck mal, Papa, ein Wunschbrunnen!« Das kleine Mädchen kramt eine Kupfermünze hervor. »Halt!«, ruft der erschrockene Vater. Schilder an dem unterirdischen See, der sich zwischen den zwei eingestürzten Flanken – den »Kaminen«, *jameos*, – in dem noch intakten Mittelteil der Höhle verbirgt, weisen darauf hin, keinesfalls etwas ins Wasser zu werfen. Metalle sind Gift für die hier in völliger Dunkelheit lebenden, blinden Albinokrebse der endemischen Art Munidopsis polymorpha. Zoologen halten diese nur rund drei Zentimeter großen, weltweit einzigartigen Tiere für Verwandte von Tiefseekrebsen. Vielleicht wurden ihre Vorfahren vor 21 000 Jahren bei den Ausbrüchen des nahen Vulkans Monte Corona aus tiefen Meerwasserschichten heraufgeschleudert. Damals entstanden sowohl die Höhle Jameos del Agua als auch deren Verlängerung, der Túnel de la Atlántida, der sich – wie Taucher entdeckten – unter dem Meeresboden 1600 Meter weit fortsetzt.

In der landwärts angrenzenden Cueva de los Verdes empfangen indirekte Beleuchtung und dezente musikalische Untermalung die Besucherschar. Ansonsten blieb diese Höhle so, wie die Natur sie schuf, mit erstarrten Lavatropfen und vielfarbigen Mineralien an Decken und Wänden. Dazwischen sitzen Knollen aus weißem Quarzsinter. Sie erinnern an Tropfsteine,

DIE CUEVA DE LOS VERDES ist die Verlängerung einer gewaltigen Lavahöhle, die vom Vulkan Monte Corona ausgeht. Ein Besuch dieser Höhle ist ein Must für Lanzarote-Reisende, denn sie hütet ein Geheimnis. ◁
DIESE PRACHTEXEMPLARE gedeihen auf den Kanaren bestens im Kakteengarten von Cesar Manrique.

die es aber auf Lanzarote nicht gibt, da dem Vulkangestein der Kalk fehlt, wie bei der Höhlenführung zu hören ist. Am Ende der Besichtigung gibt es eine Überraschung, die an dieser Stelle natürlich nicht verraten werden soll. »Das ist das größte Geheimnis Lanzarotes«, verspricht die Führerin mit einem Augenzwinkern.

Vulkantunnel entstehen in teilweise noch flüssigen Lavaströmen. Während deren Oberfläche im Kontakt mit der Außenluft bereits erkaltet, fließt glutheißes Magma im Inneren weiter und hinterlässt Hohlräume, die in der Cueva de los Verdes sogar mehrere Etagen bilden. Früher galt das 7,5 Kilometer lange Vulkantunnelsystem auf Lanzarote als Längstes der Welt. Nach heutigem Erkenntnisstand wird es jedoch zum Beispiel von der 17 Kilometer langen Cueva del Viento auf Teneriffa deutlich übertroffen.

MIT DER FÄHRE NACH LA GRACIOSA

Atemberaubend ist die Sicht vom 450 Meter hoch gelegenen Mirador del Río, ganz im Norden Lanzarotes, über die Meerenge El Río hinweg zur kleinen Nachbarinsel La Graciosa. Vulkanhügel ragen dort aus einer sandigen Ebene, links die gelb gefärbte Montaña Amarilla, weiter rechts die rötliche Montaña Bermeja. Beide entstanden bei Ausbrüchen vor rund 4000 Jahren.

Wer sich per Fähre auf den Weg dorthin macht, findet ein kaum besiedeltes, weitgehend autofreies, naturbelassenes Eiland vor. Quer über die Insel geht es mit dem Allrad-Taxi zur wellenumtosten Playa de las Conchas, dem Muschelstrand. Weitaus mehr Muscheln liegen allerdings an der ebenso exponierten Playa Lambra. Als Schmankerl zeigt der Taxifahrer drei Felsbögen in der Brandung, die Dientes del Tigre, Tigerzähne. Zum krönenden Abschluss fährt er seine Gäste zum Bufón, dem Possenreißer, eine Gischtfontäne, die bei Flut aus den Klippen zischt.

DER TRAIL UM DIE MONTAÑA COLORADA mit ihren teils riesigen Vulkanbomben ist eine der beeindruckendsten Wanderungen auf Lanzarote.
DER LAPILLI-STEINBRUCH bei El Mojón bildet ein Labyrinth aus schwarzen, blauen und rötlichen Säulen und Türmchen. Hier tummeln sich mitunter ganze Scharen von Instergramern. ▷

LA GERIA ist geprägt von einer sehr speziellen Weise des Weinanbaus. Löcher in der Vulkanasche werden mit Natursteinmauern umrandet, um die Weinreben vor den starken Winden zu schützen und das Wasser im Inneren zu sammeln. ▽▽

DIE CALDERA DEL CORAZONCILLO im Timanfaya-Nationalpark ist eine der schönsten Vulkangestalten dieser Gegend. Diesen Blick erhascht man von der Ruta de los Volcanes.

DER BLICK IN DEN KRATER der Caldera Santa Catalina offenbart ein besonderes Naturphänomen: Die erkaltete Magmablase im Inneren hat die Form eines gestrandeten Wals.

DIE SALINAS DE JANUBIO sind regulär für Besucher gesperrt. Hier wird heute noch feines Meersalz gewonnen. EIN BESUCH IM TIMANFAYA-NATIONALPARK zum Sonnenaufgang ist nur in Begleitung eines Parkrangers und mit besonderer Genehmigung möglich. ▷

Gewagte Kletterpartie

Ganz im Norden von Lanzarote liegt der wundervolle Aussichtsspot Mirador del Río. Hier hat der bekannteste Künstler der Insel, César Manrique, eines seiner bezauberndsten Bauwerke errichtet: eine Mischung aus UFO, Restaurant und Museum; eine Aussichtsplattform, die über der Steilklippe zu schweben scheint. 500 Meter stürzen die Felsen senkrecht in den Ozean.

Ich parkte meinen Wagen an der Straße zum Mirador, doch Joe und ich folgten nicht den Touristen, die sich in der Schlange am Kassenhäuschen einreihten, sondern stiegen rechts über schotteriges Gelände in Richtung Punta Fariones. Joe ist ein Abenteurer und Kletterer aus Kalifornien, der für einige Zeit auf Lanzarote lebte. Unser Ziel: Ein unwegsamer Barranco, der steil in Richtung Órzola zum Atlantik abstürzt. Im Rucksack hatten wir eine komplette Kletterausrüstung mit Seilen, Karabinern, Bohrhaken und Klemmkeilen. Die Steilküste ist wild und zerklüftet, das Gestein nur an manchen Stellen wirklich fest und gut kletterbar. So bedarf es großer Achtsamkeit und Sorgfalt bei der Wahl des Einstiegs.

Wir suchten die Gegend ab, bis wir endlich eine nicht ganz so steile Stelle fanden, um unsere Tour zu beginnen. Zunächst war Abklettern im leichten Felsgelände gefragt, und wir gelangten immer tiefer in die nun zunehmend düstere Schlucht. Joe und ich hatten uns vorgenommen, nicht in Gelände einzusteigen, in dem wir nicht wieder hinaufklettern könnten. Doch wie in diesem Gebiet zu erwarten, kamen wir schon bald an eine etwa 25 Meter tiefe, leicht überhängende Wand. »Point of no return«, sagte Joe leise und schaute mich fragend an. Manchmal sind Grundsätze nützlich, bisweilen stören sie aber auch den Lauf der Dinge. Wir ließen unsere Füße über den Abgrund baumeln und blickten in die Tiefe. »Vielleicht schaffen wir es ja auch hier zurück, wenn wir technisch klettern«, meinte Joe. Und schon schauten wir nach einem Abseilpunkt, eine Bandschlinge wurde gelegt und wir schwebten am Seil gen Boden.

Jeder, der schon mal im freien Felsgelände unterwegs war, wird das Gefühl kennen: jene Mischung aus Respekt, Furcht und Freude. Dieser Barranco ist wie die Treppe eines Riesen. Die Stufen sind 20 bis 30 Meter hoch, mal etwas mehr und oftmals auch weniger. Die meisten Anschnitte waren kletterbar, doch einige Wandteile sind überhängend und erforderten das Seil. Irgendwie magisch war dieser Abstieg zum Meer. Die nachmittäglichen Wolken zogen auf, die Felswände rechts und links unserer Schlucht wichen weiter auseinander und gaben den Blick frei auf die Küste gegenüber der Insel La Graciosa.

Als ich mich umsah und die nun fast 500 steilen Meter emporblickte, kamen mir zunehmend Zweifel, ob wir es vor der Dunkelheit wieder zum Wagen schaffen würden. Zumal wir den Rückweg weder kannten noch die technischen Schwierigkeiten abschätzen konnten.

» Ich wartete, wer als erstes ›wie auf dem Mond‹ sagen würde. ›Wie auf dem Mond‹, sagte Jola. ›Erhaben‹, sagte Theo. ›Wenn man Geröll mag‹, sagte Jola. ›Du hast keinen Sinn für die Ästhetik des Erhabenen‹, erwiderte Theo. «

Juli Zeh, Nullzeit

Unser Ass im Ärmel war die Möglichkeit, direkt am Küstensaum nach Órzola zu laufen und von dort mit einem Taxi wieder rauf Richtung Mirador del Río zu fahren. Wir querten nach rechts auf ein Felsband über der Küstenlinie, dem wir Richtung Osten folgten. Doch kaum hatten wir die nächste Klippe umrundet, eröffnete sich dort ein breiter Barranco, der eine direkte Linie zu unserem Startpunkt zu bilden schien. Von hier sah die Steigung eher moderat aus und im unteren Abschnitt sehr gleichbleibend. Es deutete nichts auf technische Schwierigkeiten hin, und so brauchten wir nicht lang, um zu entscheiden, dass dies der ideale Weg zurück sein müsste. Erst über Schotter, dann im leichten Klettergelände stiegen wir langsam und gleichmäßig dem Ende der Schlucht entgegen.

Bald war das Plateau auf der Nordspitze Lanzarotes erreicht, und wir spazierten gemütlich zum Auto zurück. ■ S. N.

» Unser Ass im Ärmel war die Möglichkeit, direkt am Küstensaum nach Órzola zu laufen. «

ICH GENIESSE DIE UNTERGEHENDE SONNE am Gipfel der Montaña de Guardilama.
VOM KRATERRAND hat man einen phänomenalen Blick über das Weinbaugebiet von La Geria. ▷

UNWEIT DER ORTSCHAFT FAMARA erstreckt sich eine wüstenhafte Gegend mit hellen Sanddünen und staubigen Offroad-Pisten. ▽▽

BESONDERS BELIEBT BEI SURFERN ist der Strand von Famara. In dem beschaulichen Ort finden sich einige Surfshops. Die zahlreichen Bars und Restaurants dienen als Szene-Treffs. DER HALBRUNDE PAPAGAYO-STRAND bei Playa Blanca bildet durch seine besondere Form ein perfektes Becken für Schwimmer und Schnorchler. ▷

DIE INSEL LA GRACIOSA mit ihrer Hauptstadt Caleta del Sabo ist nur mit der Fähre ab Órzola zu erreichen. Sie ist einer der wenigen Orte in Europa, wo es noch keine asphaltierten Straßen gibt. ▽▽

GRÜNE OASE

Madeira

Das portugiesische Wort für Holz heißt Madeira, und so wurde diese Insel, die 450 Kilometer nördlich von La Palma und 730 Kilometer von der afrikanischen Küste entfernt im Atlantik liegt, wegen des enormen Bestandes an Urwald benannt. Heute gilt Madeira als die Blumeninsel schlechthin. Oft wird sie mit Hawaii vergleichen, was durchaus seine Berechtigung hat. Auf keiner anderen Makaronesischen Insel findet man so ausgedehnte Bergregenwälder. Von den felsigen Steilküsten, die zu den höchsten der Erde zählen, stürzen unzählige Wasserfälle in den Atlantik. Nirgendwo sonst in diesem Teil der Welt gibt eine vergleichbare Fülle an tropischen Pflanzen. Selbst die senkrechten Felsen im Hochgebirge sind dicht bewachsen. Ein Hunderte Kilometer weites Netz an Kanälen, *levadas* genannt, welches kunstvoll in die Felsen geschlagen wurde, leitet das Wasser aus dem regenreichen Gebirge zu den Plantagen im trockenen und sonnigen Süden. Die landschaftliche Vielfalt Madeiras ist so einzigartig wie ihre Vegetation. Doch das Sahnehäubchen ist die Gastfreundschaft der Madeirer, die wirklich ihresgleichen sucht. ■ S. N.

IM FEBRUAR UND MÄRZ entfaltet die sonst wüstenhaft trockene Halbinsel Fonta de São Lourenço eine wahre Blütenpracht.

TROPISCHE PFLANZEN IM MONTE PALACE bei Funchal. Über den Ort Monte mit dem Auto oder Bus und vom Zentrum Funchals mit der Seilbahn ist dieser herrliche Park gut zu erreichen.

Ein »Blumentopf« mit viel Wildwuchs

Schlanke Silhouetten huschen durch die Nacht. Darüber leuchten die Sterne. Eine Exkursionsgruppe ist am Pico do Arieiro unterwegs, um dem eigentümlichen Gesang der Sturmvögel zu lauschen. »Der Madeira-Sturmvogel ist der gefährdetste Seevogel Europas«, flüstert der Guide. »Er brütet hier in den Felsen, tagsüber sucht er Nahrung auf dem Meer.«

Zwischenzeitlich galt die *freira* (Nonne), wie der Vogel auf Madeira heißt, als ausgestorben. Inzwischen kommen wieder etwa 100 Brutpaare in die Gipfelregion. Um den Nachwuchs vor Bussarden zu beschützen, klettern Freiwillige unter waghalsigen Umständen zu den Nestern, die sie mit Maschendraht sichern.

STEINE MACHEN MUSIK

Eine Panoramawanderung verbindet Madeiras drei höchste Gipfel, die »Achtzehnhunderter« Pico do Arieiro, Pico das Torres und Pico Ruivo. Plötzlich scheppert es unter den Füßen. Phonolith, auch Klangstein genannt, liegt – in unzählige Scherben zersplittert – auf dem Weg. Geübte Geologen können damit musizieren. Madeiras häufigste Gesteine sind aber Basalt und der etwas hellere Trachyt, beide aus erstarrter Lava entstanden. Horizontal geschichtet wechseln sie ab mit weicher Vulkanasche, die man oft mit der Hand zerbröseln kann. Diese Schichtung ist in Madeiras bizarrer, durch Erosion geformter Bergwelt wie auch auf der stark der Brandung ausgesetzten Halbinsel São Lourenço besonders gut zu erkennen. Zuweilen ist die Asche zu rötlichem Laterit verwittert, der von einstmals tropischem Klima zeugt. Eindrucksvolle Dykes sind zu beobachten, vulkanische Gänge, entstanden aus Magma, das durch Risse im bereits erstarrten Gestein nach oben drang.

An der Ponta de São Lourenço gedeihen nicht nur attraktive Blütenpflanzen, etwa die pinkfarbene Madeira-Levkoje, sondern es sind auch unzählige Eidechsen unterwegs. Unvorsichtigen Wanderern schlüpfen sie in den Rucksack, um sich dort an Bananen und anderen Leckereien zu bedienen. »Wir sehen diese Tiere nicht gern«, schimpft ein Winzer. »Sie fressen uns die Weintrauben weg!« Es bleibt ein Rätsel, wie es die Echsen ohne menschliche Hilfe auf die Insel schafften. Vielleicht drifteten sie auf Treibgut heran. Jedenfalls lebten sie schon vor 10 000 Jahren auf Madeira, das erst ab 1419 besiedelt wurde. In pleistozänen Dünen auf der Ponta de São Lourenço fand man Eidechsenfossilien und dazu reichlich versteinerte Landschnecken, die es vermutlich im Gefieder von Vögeln auf die Insel verschlug. Bis heute hat Madeira mit rund 270 Arten die wohl reichste Landschneckenfauna der Welt. Viele sind winzig klein und werden leicht übersehen.

DIE NORDKÜSTE MADEIRAS ist regenreicher, jedoch wesentlich grüner und auch wilder als der sonnige und trockene Süden.

AUS DEN GÄRTEN IN DIE NATUR

In den Parks der »Blumeninsel« steht eine Fülle exotischer Pflanzen aus aller Welt. Dort flattert der Monarch von Blüte zu Blüte, ein riesiger, orange und schwarz gezeichneter Schmetterling. Ursprünglich aus Nordamerika stammend, flog er im 19. Jahrhundert über den Atlantik nach Madeira, wo er Seidenpflanzengewächse für die Eiablage fand. Aus den Gärten Madeiras entwich manche Pflanze in die Natur und wurde dort heimisch, so der aus dem Himalaya stammende Zieringwer, dessen gelbe Blütenkerzen sich im September entfalten.

Ökologen betrachten die invasive Art mit Sorge. Denn sie dringt in ein oft weniger beachtetes botanisches Aushängeschild Madeiras ein, den einheimischen Lorbeerwald. »Die Ingwerknollen sind kaum noch aus dem Boden zu bekommen«, klagt ein Förster. »Wir decken die Pflanzen mit undurchsichtigen Planen ab, um sie an der Photosynthese zu hindern.« Mühselig bleibt das Geschäft, des Zieringwers Herr zu werden, allemal.

Zwei Biologinnen sind im Lorbeerwald bei Ribeiro Frio unterwegs. Eine von ihnen erforscht die traditionelle Naturheilkunde Madeiras. »Das ist die Madre de Louro«, deutet sie auf ein geweihartiges Gebilde am Stamm eines Azoren-Lorbeers, des häufigsten Lorbeerbaums. »Dieser Pilz könnte auch pharmazeutisch von Interesse sein, denn er soll gegen Rheuma wirken.« Ihre Kollegin ist auf Gräser spezialisiert. Auf Madeira wird sie allerdings kaum fündig. »Grassamen werden durch Ameisen verbreitet und konnten daher von Natur aus kaum auf die Insel gelangen«, erläutert sie. »Fleischige Früchte hingegen transportieren Zugvögel in ihrem Darm. Deren unverdauliche Samenkerne scheiden sie aus.«

Tatsächlich ähneln die Früchte des Azoren-Lorbeers Oliven. Auch aus ihrem Fruchtfleisch wird Öl gepresst. Heute ist für die Ernte eine Genehmigung erforderlich. Denn der Lorbeerwald Madeiras – übrigens dank des Wasserreichtums dieser Insel deutlich größer als jener der Kanareninseln – steht als UNESCO-Welterbe unter Schutz. In Holzpressen, wie sie auch in der Weinlese üblich sind, werden die Lorbeeren anschließend zerquetscht. So lassen sich aus 250 Kilo Lesegut etwa 10 Liter Öl gewinnen. Es erzielt echte Apothekerpreise, denn es wird in der Volksmedizin gegen so ziemlich jedes Leiden angepriesen, etwa gegen Rheuma, Leberprobleme und bei Durchblutungsstörungen. Wird es zu hoch dosiert, kann es den Zustand aber verschlimmern, weshalb von Selbstversuchen unbedingt abgeraten wird.

Heute sorgen für die ständige Erneuerung des Lorbeerwalds die endemischen Silberhalstauben, die sich von den Früchten der Bäume und Sträucher ernähren. Wie ihre mitteleuropäischen Verwandten, die Ringeltauben, leben sie in monogamer

IM SÜDEN DER INSEL gedeihen Bananen und andere tropische Obstsorten bestens. Das Wasser für die Plantagen kommt mittels Kanälen, den Levadas, aus den Regenwäldern der Berge.

Ehe. In einiger Entfernung sitzt ein Pärchen in einem Baum. Nervös flattert es davon, als sich Wanderer nähern. Durch die Jagd wurden sie in der Vergangenheit stark dezimiert. »Inzwischen ist der Abschuss streng verboten«, erzählt einer der Jäger, die während der sechswöchigen Jagdsaison auf der Hochebene Paúl da Serra anzutreffen sind. »Hohe Strafen stehen darauf.« Jägervereine züchten daher eigens Rebhühner und anderes Federwild heran.

Er hingegen beschränkt sich auf Kaninchen. Einige von ihm und seinen Brüdern erlegte Tiere baumeln bereits an der Reling seines Pick-ups. Naturschützer haben nichts gegen die Kaninchenjagd einzuwenden, denn die vom Menschen importierten Nager sind hier – wie auch aus Neuseeland und Australien bekannt – potenziell eine Plage. Durch Verbiss richten sie schwere Schäden an der Flora an. So werden zwei Fliegen mit einer Klappe geschlagen.

FISCHEN PER HAND

Eine ganz andere Form der Jagd wurde früher vielleicht in den natürlichen Meerespools betrieben, die heute dem Schwimmvergnügen dienen. Am bekanntesten sind diejenigen von Porto Moniz, aber es gibt sie auch anderswo rund um Madeira. Frühere Generationen kippten wahrscheinlich den giftigen Saft der Fischfangwolfsmilch in die Brandungstümpel, wo die Fische bei Ebbe gefangen waren, um diese zu betäuben. Anschließend konnte man sie einfach mit Käschern herausholen. Diese Form der Fischerei, die das Hinausfahren mit den traditionell üblichen, offenen Booten bei schwerer See erspart, wurde noch vor wenigen Jahrzehnten auf den Kanaren betrieben. Heute ist sie aus Tierschutzgründen verboten. Auf Madeira erinnert nur der Name der endemischen Wolfsmilchart, die überall in den Küstenfelsen gedeiht, an diese Praxis

» *Reisen ist wie Träumen: Der Unterschied besteht darin, dass sich nicht jeder beim Aufwachen an etwas erinnert, während jeder die Erinnerung an das Ziel, von dem er zurückgekehrt ist, warm hält.* «

Edgar Allan Poe

DER FEENWALD im Gebiet von Fanal. Hier stehen im meist dichten Nebel uralte Lorbeerbäume.

DIE WANDERUNG AN DER LEVADA DO CALDEIRÃO VERDE zum gleichnamigen Wasserfall führt durch ein felsiges, von tiefen Schluchten zerfurchtes Dschungelgebiet. Am großen Wasserfall lädt eine Gumpe zum Baden ein. Die Tour lässt sich bis zur Caldeirão do Inferno fortsetzen.

» Einige Orte sind ein Rätsel. Andere eine Erklärung. «

Fabrizio Caramagna

DIE LEVADA NOVA führt von Lombada da Ponta do Sol in einen grünen Talkessel nordwärts Richtung Paúl da Serra. Auf ihrem Weg bietet sie einige spektakuläre Abschnitte wie diesen großartigen Wasserfall, der zwischen den Felsen hindurch tosend in eine Schlucht stürzt.

SANTANA-HÄUSCHEN finden sich am Wanderweg in Pico das Pedras. Diese für Madeira typischen Bauwerke dienten der Landbevölkerung im Norden früher als einfache Behausungen.

IM DSCHUNGELARTIGEN HINTEREN TEIL DER LEVADA NOVA wird ein wildes Gebirgsflüsslein auf einer schmalen Mauer überquert. Derlei ungesicherte Abschnitte finden sich auf vielen Levadas und erfordern oft ein hohes Maß an Schwindelfreiheit und Trittsicherheit

» Wo sanft im Hafen Boote schaukeln,
schleicht mir ein Kneipenlied ins Ohr,
und weiße Schäfchenwolken gaukeln
mir schwerelose Schiffchen vor.
Die Wellen tragen kleine Kronen
aus aufgewühlter Meeresgischt,
und viele kleine Lichter wohnen
im Hafen, wenn der Tag erlischt.
In allen Winkeln meiner Seele
macht sich ein tiefer Friede breit,
der Rotwein streichelt meine Kehle
und spannt der Träume Flügel weit.
Dann träume ich von tiefen Schluchten
und von Madeiras Blütenpracht,
von Bergen und den schönsten Buchten,
dann träume ich mich
durch die Nacht. «

Alfons Pillach

DER WILDE NORDEN MADEIRAS lässt erkennen, warum die Insel auch das Hawaii Europas genannt wird. Unzählige Wasserfälle stürzen dort aus schwindelnder Höhe ins Tal. Die Topografie und die Flora gleichen in hohem Maße der Insel Kauai.

CURRAL DAS FREIRAS, wie das Nonnental auf Portugiesisch heißt, war zur Zeit der Piraterie der geheime Rückzugsort der Nonnen Madeiras. Viele alte Wege führen hinab ins Tal, das bis vor wenigen Jahren noch nicht ans Straßennetz angeschlossen war. ▽▽

DER KÜSTENWEG von Ponta do Sol nach Madalena do Mar ist bei Sonnenuntergang besonders reizvoll. Doch eine starke Taschenlampe sollte unbedingt eingepackt werden, denn es müssen einige unbeleuchtete Felstunnel durchwandert werden.

KURZ HINTER DEN ERSTEN BEIDEN TUNNELS aus Richtung Ponta do Sol stürzt ein mächtiger Wasserfall aus luftiger Höhe genau auf die Küstenstraße. Früher die natürliche Autowaschanlage der Einheimischen, heute ein beliebter Instagram-Hotspot.

EINE WAHRE KÖNIGSETAPPE unter den Madeirawanderungen ist der Hochgebirgstrail vom Pico do Arieiro zum höchsten Berg Madeiras, dem 1861 Meter hohen Pico Ruivo.
ÜBER TEILWEISE EXTREM STEILE STEINTREPPEN und felsige Passagen führt der Weg in stetem Auf und Ab durch die Schluchten des zentralen Gebirges der Insel. Fast nirgends sonst lässt sich die Wildheit Madeiras so hautnah fühlen wie bei dieser Wanderung. ▷

AM »ZUCKERHUT«

Richtig großes Glücksgefühl

Madeira ist eine felsige Insel, deren höchste Erhebung, der Pico Ruivo, 1861 Meter über dem Atlantik in den Himmel ragt. Dennoch gibt es kaum erschlossene Kletterrouten auf der Insel. Und so haben Paulo Abreu und seine Freunde es sich zur Aufgabe gemacht, die wilden Wände Madeiras zu durchsteigen. Paulo ist ein Fotograf aus Funchal. Ich hatte ihn beruflich kennengelernt, und so kamen wir irgendwann aufs Klettern zu sprechen. Unsere erste gemeinsame Tour machten wir am Cidrão, dem dritthöchsten Gipfel der Insel, der auf der Strecke zwischen Pico do Arieiro und Ruivo liegt. Klettertechnisch leicht, vom Erlebnis eine Superlative.

Schon wenige Tage danach fragte mich Paulo, ob ich an der Besteigung des Pináculo Interesse hätte. Ich kannte den »Zuckerhut«, wie der imposante Monolith von den Einheimischen genannt wird, von einer früheren Wanderung in diesem Gebiet. Schon am folgenden Tag starteten wir zu dritt in Richtung Hochebene Paúl da Serra. An der Casa de Abrigo gingen wir nicht den regulären Pfad in Richtung Levada da Serra, sondern stiegen weglos in nördlicher Richtung ab. Die Wanderung entlang der Levada, deren Verlauf wir nun folgen mussten, zählt zu den abenteuerlichsten Levada-Touren Madeiras. Auf einem schmalen Sims verlaufend, führt sie in einem weiten Bogen entlang einer schwarzen Basaltwand. Links stürzt das Gelände steil nach Norden ab und gibt den Blick frei auf das gegenüberliegende Massiv des zentralen Gebirgsstocks. Bei Weitem nicht alle ausgesetzten Stellen sind gesichert.

Etliche durchaus beachtliche Wasserfälle ergossen ihre Gischt so punktgenau auf den Pfad, dass wir keine Chance zum Ausweichen hatten. Also rannten wir so schnell es ging auf glitschigen Felsen unter dem herabstürzenden Wasser hindurch. Trotz bald patschnasser Kleidung hatten wir einen höllischen Spaß.

Keck tauchte bald der massige Monolith wie ein Bollwerk unvermittelt vor uns auf. Am Wandfuß des Pináculo gibt es einen malerischen Picknickplatz mit Tisch und Bänken. Die Kletterhöhe der Südwand ist nicht mehr als eine gute Seillänge hoch. Doch schon beim Betrachten der Wand wusste ich, dass dies für mich keine einfache Sache werden würde. Klar definierte Risse ziehen sich der Länge nach durch den Fels. Paulo wollte vorausteigen, João Faria sollte ihn sichern, ich mit der Drohne fotografieren und dann als Letzter den beiden zum Gipfel folgen.

Da ich alles andere als ein Risskletterer bin, überkam mich beim Anblick der Route ein mulmiges Gefühl. Paulo machte seinen Job mit Bravur. Immer der idealen Linie folgend, arbeitete er sich flüssig zum Gipfel hinauf. João folgte. Dann war die Reihe an mir. Zügig stieg ich, von oben gut gesichert, den anfangs noch einfachen unteren Wandabschnitt empor, bis mir in Ermangelung von guten Tritten und Griffen nur noch die Risse im Fels ein Weiterklettern möglich machten. Leider ist es nicht mein Ding, die Fäuste in Felsspalten zu verkeilen und

mich darauf zu verlassen, dass diese unter Abrieb der Haut das eigene Körpergewicht halten. Das letzte Drittel der Wand schien daher für mich unüberwindbar. Paulo und João schauten fast ungläubig vom Standplatz zu mir herunter und fragten sich offensichtlich, warum ich weiter unten Siesta machte. Also was nun: aufgeben oder tricksen? Nicht im Sinne der reinen Lehre des Freikletterns steckte ich zwei meiner größten Klemmkeile anstatt der Hände in den Riss und zog mich erfolgreich, wenn auch wenig elegant hinauf zum Gipfel.

Da standen wir drei nun und staunten nicht schlecht: Die Sonne stand im Südosten über dem Encumeada-Pass und der Blick reichte vom Bica da Cana bis zum Arieiro und Ruivo im Norden. Die Schluchten und steilen Flanken der Berge sind bewachsen mit den immergrünen Regenwäldern Madeiras. Das Paradies lag uns zu Füßen, und ich gab mich ganz dem Gefühl des Glücks hin: Hatten Angelika und ich doch im Jahr zuvor die alte Quinta Girassol im Süden der Insel erworben und Madeira damit zu unserer zweiten Heimat gemacht. ■ S. N.

» Alle Menschen werden die Wahrnehmungen machen, dass man auf hohen Bergen, wo die Luft rein und dünn ist, freier atmet und sich körperlich leichter und geistig heiterer fühlt. «

Jean-Jacques Rousseau

» Wenn bange, unruhige und böse Gedanken kommen, so gehe ich ans Meer, und das Meer übertönt sie mit seinen großen, weiten Geräuschen, reinigt mich mit seinem Lärm und legt einen Rhythmus allem in mir auf, was verstört und verwirrt ist. «

Rainer Maria Rilke

DIE HALEINSEL SÃO LOURENÇO ist der felsige Ausläufer des Zentralmassivs. In der trockenen Jahreszeit von Juni bis Dezember ist dieser Landstrich einer Wüste gleich.

SÃO LOURENÇO ERBLÜHT im Februar und März. Dann werden die braunen Felsen grün und überall sprießen die buntesten Blumen. Doch schon bald setzt die Trockenheit ein und verwandelt die Landschaft in eine bizarre Wüste aus Fels und Sand.

DIE CASA DO SARDINHA, eine kleine Palmenoase im westlichen Teil der Halbinsel São Lourenço, ist im heißen Sommer ein wahrer Sehnsuchtsort für den durstigen Wanderer, denn hier gibt es kühle Getränke und leckeren Kuchen. Wer noch genug Power hat, kann zum Morro do Furado, dem höchsten Berg der Gegend, aufsteigen.

DIE GOLDENE

Porto Santo

Porto Santo ist die Ferieninsel der Madeirer. Dort, an ihrem neun Kilometer langen Sandstrand mit Namen Praia Dourada, tummeln sie sich gerne in den warmen Monaten, denn von Madeira aus kann man beinahe täglich mit der Fähre in zwei Stunden hierher gelangen. Türkisblau schimmert das ganzjährig warme Wasser des Atlantiks, und in der Hauptstadt Vila Baleira laden exzellente Restaurants ihre Gäste zum Dinner. Aber Porto Santo kann auch steil sein. Die Basaltsäulen am Südhang des Pico de Ana Ferreira im Westen der Insel laden ebenso zum Kraxeln ein wie der felsige Gipfel selbst. Und die vorgelagerten Eilande Ilhéu de Baixo (oder Ilhéu da Cal) und Ilhéu de Ferro sind klotzige Felsburgen im Meer. ■ S. N.

BEI PONTA DA CALHETA, am südöstlichen Ende des langen Sandstrandes von Porto Santo, stehen mystische Felsgebilde im türkisblauen Wasser.

KILOMETERLANG erstreckt sich der einzigartige Sandstrand von der Ponta do Passo bis hinunter nach Calheta. Zweimal täglich transportiert die Fähre in nur zwei Stunden ihre Gäste von Funchal nach Vila Baleira und zurück.

Karge Insel mit schier endlosem Sandstrand

Am langen Strand von Porto Santo wird Sandbaden praktiziert. Wer es klassisch mag, buddelt sich auf eigene Faust ein. Auf der sicheren Seite – wegen eventueller Nebenwirkungen – ist man bei einer professionellen Sandkur, mehrere Hotels bieten sie an. »Man legt sich in eine Wanne und wird mit warmem Sand zugeschüttet«, berichtet Melanie, die es ausprobiert hat. »Meinen schmerzenden Muskeln hat es richtig gut getan.«

Auch die Wissenschaft gibt grünes Licht. »Es ist ein karbonatreicher Sand, der Magnesium und Strontium enthält, und wir kennen die gesundheitlichen Vorteile, die Strontium als natürliches entzündungshemmendes Mittel hat«, fand João Baptista von der Universität Aveiro heraus. Porto Santos Strand ist goldgelb, im Gegensatz zu Madeiras kleinen, dunkelkiesigen Stränden. Christoph Kolumbus, der 1479 in die Lehnsherrenfamilie von Porto Santo eingeheiratet hatte, erdachte hier seine Atlantiküberquerung. Am Strand fand er unbekannte Samen, die ihm das Vorhandensein von Land ganz weit im Westen bewiesen. In der Tat stammten diese »Kolumbusbohnen« von einer karibischen Liane.

WIEDER ERGRÜNT

Eine Taxirundfahrt führt zum Vulkankegel Pico do Castelo, der dem Zuckerhut von Rio de Janeiro ähnelt. Durch Aufforstung erhielt er im 20. Jahrhundert seine Waldkappe. »Das war ein mühseliges Geschäft«, erzählt der Taxifahrer. »Jahrelang musste jeder Baum bewässert werden, sonst wäre alles verdorrt.« Aktuell versucht die Forstbehörde, weitere der nur um 500 Meter hohen Inselberge mit genügsamen Kiefern und Zypressen zu begrünen. Ein Wiedehopf trippelt auf der Suche nach Insekten vorbei. In den neuen Wäldern fühlt sich der Vogel mit der auffälligen Haube wieder wohl. Einst lebte er in dichter Macchie, die das Inselinnere überwucherte. Als die ersten Siedler im 15. Jahrhundert nach Porto Santo kamen, rodeten sie und bauten Getreide an, um durchreisende Schiffe mit Proviant zu versorgen. Dadurch kam es zu Austrocknung und Bodenerosion. Heute beschränkt sich der Anbau auf ein wenig Wein sowie Zucker- und Wassermelonen hinter dem Strand. Im Sommer werden Trauben und Melonen, Feigen und Kaktusfrüchte an die Badegäste verkauft.

Weiter geht die Fahrt zur brandungsumtosten, klippenreichen Nordküste, dem Gegenstück zur weiten Strandbucht im Süden. Dort tröpfelt die Fonte da Areia, die Sandquelle, aus meterdicken Sedimentpaketen heraus. »Vorsicht«, warnt der Fahrer beim Aussteigen. »Der Sand könnte ins Rutschen kommen.« Ständig nagen Wind und Brandung an diesen fossilen Dünen. Im Eis-

zeitalter, als der Meeresspiegel wesentlich tiefer lag als heute, wurden Sedimente vom trocken gefallenen Meeresboden hier angeweht. Seither speist dieser Sand, durch den vorherrschenden Nordwind bewegt, die Flugsandfelder in der weiten Inselebene.

Letztes Tagesziel ist die Ponta da Calheta ganz im Südwesten des Strandes. Der Blick hinüber zur Felsinsel Ilhéu de Baixo ist bei Sonnenuntergang traumhaft schön, wegen ihrer Kalkvorkommen heißt sie auch Ilhéu de Cal. Der Kalk wurde in Stollen abgebaut und nach Madeira verschifft, um ihn dort als Wandfarbe, Düngemittel und für Pflastersteine zu nutzen. Vor Jahrmillionen, im Miozän, war das Klima hier tropisch, wie die im Kalkgestein gefundenen Fossilien – Korallen, Muscheln, Meeresschnecken, Seepocken, Haifischzähne – beweisen. Heute ist die kleine Insel menschenleer, die zahlreichen Brutvögel freut es. Weißkopfmöwen, Sturmtaucher und Seeschwalben nisten zu Tausenden in den steilen Felsen.

EINE WANDERUNG AUF DEN PICO CASTELO ist eine leichte, aber genussvolle Tour auf der Insel Porto Santo.
DIE BASALTSÄULEN AM PICO DE ANA FERREIRA ragen fast senkrecht in den Himmel. Seitlich lässt es sich über die Felsen verhältnismäßig einfach in Richtung Gipfel steigen. Weiter oben wird der Anstieg dann aber zu einer leichten Klettertour und sollte nur von erfahrenen Wanderern begangen werden. Vom Gipfel hat man eine grandiose Aussicht über die gesamte Insel. ▷

AM STRAND VON CALHETA

Ein Abend voller Farben

Wir hatten uns für den ersten Besuch auf Porto Santo die Ponta de Calheta als Ziel gesetzt. Früh am Morgen waren wir mit der Fähre aus Funchal gestartet und zwei Stunden später am Anleger der »Portc Santo Line« von Bord gegangen. Wenige Meter links des Hafens im Osten der Insel beginnt der lange Sandstrand, der bis nach Calheta reicht. Diese Strecke wollten wir zu Fuß zurücklegen und zu Beginn noch das Städtchen Vila Baleira besuchen. Im Zentrum des kleinen Ortes stehen gut behütet die letzten Drachenbäume. Wenn man sich bewusst macht, dass vor ihrer Besiedlung die ganze Insel mit diesen wundersamen Pflanzen bewachsen war, kann einem schon wehmütig ums Herz werden.

An der Straße von Vila Baleira nach Ponta de Calheta reiht sich Ferienhaus an Ferienhaus. Hier und da wird das gleichförmige Bild zu unserer Linken durch kleine Sträßchen unterbrochen, die zum Strand hinunterführen. Erst ganz im Süden hat die Bauwut ihre Grenze gefunden. Dort taucht im Meer die Felsenburg Ilhéu de Baixo auf, die Straße macht eine scharfe Linkskurve und endet an einem Parkplatz mit Restaurant. Dies ist nun Calheta, das südliche Ende des wohl schönsten Strandes der EU. Bizarre Felsen ragen aus Sand und Meer, Bögen aus Stein, unter denen das Blau des Wassers schimmert.

Irgendwie fühlte ich mich hier an die Strände von La Digue auf den Seychellen erinnert, obwohl dort die Felsen nicht so kantig, sondern eher rundlich sind. Aber der Spirit des Ortes ist es, der den Vergleich beflügelte. Der helle Sand lässt das Meerwasser so unsagbar blaugrün leuchten, wie man es eigentlich nur vom Indischen Ozean kennt. Wir verweilen dort, sitzen im weichen, warmen Sand, vergessen Raum und Zeit und bestaunen die Sonne, die im Westen im Meer versinkt. Die Ebbe lässt das Wasser zurückweichen und offenbart nun zum Blau, Gelb und Orange auch noch das sanfte Grün der Algen, welches die meist vom Meer bedeckten Felsen überzieht. Als die Sonne längst hinterm Horizont verschwunden ist, färbt sie wie zum Abschied die Wolken in ein sattes Orange. Die Felsen haben ins Schwarz gewechselt, und das abfließende Wasser schimmert gelblich im letzten Licht. Ein Taxi bringt uns hinauf in die Berge, von wo wir, im schönsten Panoramarestaurant der Insel, zufrieden auf die Lichter des nächtlichen Vila Beira blicken. ■ S. N.

» Der helle Sand lässt das Meerwasser so unsagbar blaugrün leuchten, wie man es eigentlich nur vom Indischen Ozean kennt. «

*» Man kann den Ozean nicht überqueren,
solange man nicht den Mut hat,
das Ufer aus den Augen zu verlieren. «*

Christoph Kolumbus

GANZ IM WESTEN VON PORTO SANTO gelegen, bildet die kleine Felseninsel Ilhéu de Ferro einen wind- und wellenumtosten Gegensatz zu den langen Sandstränden im Süden der Insel.

VERGESSEN

Ilhas Desertas

Die Desertas, wie die Gruppe unbewohnter Inseln vor der Südostküste Madeiras genannt wird, sind ein wohl behütetes Naturreservat, bestehend aus den drei Hauptinseln Chão, Deserta Grande und Búgio. In Ermangelung von Süßwasser kam bis auf eine Handvoll Forscher niemand ersthaft auf die Idee, sich dort dauerhaft niederzulassen. Auch die meisten Pflanzen scheinen die Inseln als Wohnstatt zu meiden. Anders sehen das jene Lebewesen, welche die Abgeschiedenheit und Ruhe besonders zu schätzen wissen. Die Desertas-Tarantel und die seltene Mittelmeer-Mönchsrobbe fühlen sich hier sehr wohl und nehmen das fehlende Süßwasser zugunsten eines Mangels an Touristen gerne in Kauf. ■ S. N.

DIE INSEL CHÃO, ein planer Felssockel mit ringsum senkrechten Abbrüchen zu Meer und einem Leuchtturm auf seiner nördlichen Spitze, ist von Norden gesehen die erste der drei Desertas.

DER MEERFENCHEL verträgt salzhaltiges Spritzwasser und besiedelt Küstenklippen. Seine Blätter werden zuweilen in Essig eingelegt und als Beilage gereicht.

Robben und Taranteln auf menschenleeren Inseln

Wer von Madeira Richtung Südosten schaut, sieht die Ilhas Desertas am Horizont aufgereiht. Von links nach rechts heißen sie Ilhéu do Chão, Deserta Grande und Bugio. Kenner basteln sich aus den Wolken über den drei Eilanden ihre persönliche Wettervorhersage zurecht. »Liegen sie im Dunst, bleibt das Wetter gut«, versichert ein Einheimischer. »Sind sie aber deutlich zu sehen und wirken ganz nah, wird es regnen.«

Wer sie nicht nur von Ferne anschauen möchte, kann eine abenteuerliche Bootsexkursion dorthin unternehmen. Drei bis vier Stunden dauert die Überfahrt, eine Übernachtung im Zelt oder an Bord ist möglich. Dauerhaft harren drüben aber nur ein paar Naturparkranger aus.

AUF MESSERS SCHNEIDE

Die Desertas sind schmale, messerscharfe Bergrücken. Am höchsten ist Deserta Grande mit 479 Metern. Geologen halten den Miniaturarchipel für eine Verlängerung von Madeiras Ostzipfel, der Ponta de São Lourenço. Im Gegensatz zu den Kanarischen Inseln, bei denen man eine Bildung über Rissen in der ozeanischen Kruste vermutet, scheint der Archipel Madeira über einem Hotspot entstanden zu sein – einer überhitzten Zone im Erdmantel, wo Magma nach oben drückt. Die Afrikanische Platte wandert nach Nordosten über den Hotspot hinweg. So ist der Vulkanismus auf dem etwa 14 Millionen Jahre alten Porto Santo schon erloschen. Madeira und die Desertas, rund sieben Jahrmillionen alt, sind hingegen im Prinzip bis heute aktiv. Die letzten Ausbrüche auf Madeira liegen noch nicht einmal 7000 Jahre zurück.

In den Höhlen der Felsküsten der Desertas verstecken sich scheue Meeresbewohner, die Mittelmeer-Mönchsrobben. Noch bis in die 1970er-Jahre waren sie auch auf Madeira ein vertrautes Bild. Dann gingen die Fänge der Fischer zurück, woraufhin diese ihre tierische »Konkurrenz« bekämpften. Einige wenige Exemplare überlebten bei den Ilhas Desertas. Dank strenger Schutzmaßnahmen werden jetzt wieder um die 30 Robben gezählt. Erneut an der Küste Madeiras niedergelassen, wie erhofft, haben sie sich bisher nicht. Aber 2019 erregte ein etwa acht Monate altes Jungtier Aufsehen, das sich am Strand von Porto Santo blicken ließ. »Als die Flut kam, kehrte es ins Meer zurück«, erinnert sich ein Augenzeuge. »Doch am nächsten Morgen war es wieder da und verschlief den ganzen Tag im Sand.«

FLECHTEN UND TARANTELN

Bis zum Ende des 19. Jahrhunderts war Deserta Grande besiedelt. Man betrieb ein wenig Ackerbau und Viehzucht und sammelte unter lebensgefährlichen Umständen die Lackmusflechte in den Klippen ein. Diese lieferte einen in Europa begehrten, pur-

purnen Naturfarbstoff. Mit der Erfindung der Kunstfarben brach das Geschäftsmodell jedoch zusammen. Die Menschen verließen die Insel und zwei vermögende Familien pachteten die Desertas, um dort zweimal im Jahr verwilderte Ziegen zu jagen. Die wurden schlussendlich von der Naturparkbehörde entfernt, ebenso wie die eingeschleppten Kaninchen, damit sich die schüttere Vegetation erholen kann.

Nun bereitet allerdings ein ebenfalls nicht heimisches Gras Sorge, das sich im Vale da Castanheira ausbreitet, einem fast drei Kilometer langen Hochtal auf Deserta Grande. Denn die endemische Deserta-Tarantel, wegen der viele Biologen eigens anreisen, bevorzugt offenes Gelände und findet in dem zugewucherten Tal nicht mehr genügend geeigneten Lebensraum. Mit ihren bis zu zwölf Zentimetern Beinspannweite gilt sie als größte Wolfsspinne der Welt und größte Spinne Europas sowieso. Da die Zucht seit 2016 im Zoo von Bristol und jetzt auch in verschiedenen anderen Zoos mittlerweile gelungen ist, besteht Hoffnung auf Erhalt der Art.

AUF DESERTA GRANDE steht die Hütte der einzigen Forschungsstation. Ansonsten sind die Inseln unbewohnt und dürfen nur von wenigen Biologen oder mit besonderer Genehmigung betreten werden. Die Gesteinsformationen erinnern an abstrakte Kunstwerke. In den steilen Küsten finden sich die Eingänge zu Meereshöhlen, die den seltenen Mönchsrobben als Unterschlupf dienen.

SEGELN ZUR DESERTA GRANDE

Eine Künstlerin namens Natur

Angelika und ich mussten einige Monate warten, bis die Segelyacht »Bonita de Madeira« das Trockendock verlassen konnte und wieder seetüchtig für die Überfahrt zu den Desertas war. In Begleitung einer überschaubaren Zahl an mitreisenden Touristen verließen wir am 11. November 2021 frühmorgens den Hafen von Funchal. Von der Naturschutzbehörde hatten wir eine Sondergenehmigung, die uns gestattet hätte, das Massiv der Deserta Grande oberhalb der Forschungsstation zu besteigen, jedoch mussten wir uns wegen des engen Zeitplans der Exkursion dann doch mit einem nur kurzen Aufenthalt auf der Hauptinsel begnügen.

Chão ist ein gelbliches Felsgebilde, das an allen Seiten scharfkantig aus den Meer hinausragt und oben eine plane Fläche bildet. Sie ist die erste Deserta-Insel, welche man von Madeira aus erreicht. Von dort nahmen wir direkten Kurs Richtung Deserta Grande. Wir wollten zur Forschungsstation segeln und dort mithilfe des Beiboots anlanden.

In ruhiger See bewegten wir uns entlang der felsigen Westküste und diese offenbarte ihre karge Schönheit in einem wundersamen Licht. Die Sonne modellierte Farben und Strukturen aus dem Gestein, die geradewegs aus dem abstrakten Gemälde eines äußerst begabten Künstlers entsprungen zu sein schienen. Und je näher wir der Bucht mit der Hütte der Forscher kamen, umso irrer wurden die Farben und Formen. Über dem grünblauen Ozean traten Gebilde hervor, die sicher weltweit ihresgleichen suchen. Wo um Himmels willen waren diese Farben und Kompositionen entstanden?

In der geschützten Bucht vor der Forschungsstation ankerten wir und ließen das Dingi zu Wasser. Angelika und ich waren die Ersten, die das Eiland betraten. Als ich die Kamera für den Landgang vorbereitete, bemerkte ich Unruhe unter den an Bord Verbliebenen.

Und dann sah ich plötzlich das graue Etwas im Wasser. Es kam schnurgerade auf mich zu geschwommen und ich erkannte das Schnäuzchen und die Barthaare einer Mönchsrobbe. An einem seidenen Faden schien mein Glück zu hängen und ein Gelingen mehr als zweifelhaft. Ein Klick, das Köpfchen vorne, das Boot im Hintergrund, und schon war sie verschwunden und tauchte nicht wieder auf. Ich hatte wirklich das Bild einer Mönchsrobbe auf meine Speicherkarte gebannt! Noch eine Weile starrte ich auf das dunkle Wasser und hoffte auf ein Wiedersehen. So hatte mich die kleine Robbe jedoch fürstlich dafür entschädigt, dass wir diesmal auf eine Besteigung des Inselmassivs verzichten mussten.■ S. N.

» Auf Deserta werden ein bisschen Weizen und Gerste gesät, um die Weiden zu pflegen, für das Vieh, das dort gehalten wird. Es leben dort stets acht Männer mit einem Aufseher, und es gibt eine Kirche, wenn nur ein Geistlicher da wäre, um ihnen die Messe zu lesen ... Sie und das Vieh trinken brackiges Wasser, weil es kein süßes gibt. «

Gaspar Frutuoso, 16. Jahrhundert

MADEIRA
0 3 km
N
ATLANTISCHER OZEAN
ATLANTISCHER OZEAN
Ponta do Tristão
Ilhéu Mole
Porto Moniz
Santa
Ilhéus da Ribeira da Janela
Achadas da Cruz
Ribeira da Janela
Fajã das Contreiras
Fajã Nova
Lombada Velha
Ribeira da Janela
Serradinho
Feenwald Fanal
Seixal
Ilhéu das Ceroulas
Ponta do Pargo
Pedregal
Ponta do Pargo
Parque Natural da Madeira
Pico da Fonte do Bispo
1297
Amparo
São Vicente
Grufas
Ponta Delgada
Arco de S. Jorge
Ponta de São Jorge
São Jorge
Boaventura
Pico do Tanoeiro
Fajã Grande
Ilha
Barreiro
Santana
Ponta do Clérigo
Falca de Baixo
Faial
Rocha da Galé
Lombo do Curral
Achada da Madeira
Ginjas
Fajã da Ovelha
Raposeira do Serrado
Pico da Lamoirinha
1248
Raposeira do Lugarinho
Lagoa do Vento
Pico de Selada
1446
Cascata do Risco
Achada do Loural
Rosário
Bica da Cana
1620
Pináculo
Casado
1725
Caldeirão do Inferno
Pico Ruivo
1861
Levada da Fajã da Nogueira
Corujeira de B.
Moinhos
Porto da Cruz
Espigão Amarelo
São Roque do Faial
Cruz da Guarda
Ponta do Bode
Pedra Furada
Paúl do Mar
Ponta Pequena
Prazeres
Rabacal
Paúl da Serra
Parque Natural
Pico do Grande
1654
Achada do Pau Bastião
Lombo das Fajãs
Piedade
Jardim do Mar
Ponta do Jardim
Pico do Arieiro
1818
Pico do Juncal
1800
Ribeira Seca
Ribeira de Machico
Caniçal
Ponta do Furado
Ilhéu do Farol
Landeiros
Poço do Gil
Ponta da Gale
Calheta
Arco da Calheta
Serra de Água
Curral das Freiras
da Madeira
Santo da Serra
Machico
Paso do Poiso
1400
Parque Ecológico do Funchal
Ribeiro João Gonçalves
Queimado
Água de Pena
Porto Santo
Madalena do Mar
Fonte dos Almocreves
Janeiro
Levada do Moinho
Canhas
Lombo Furado
Corticeiras
Corujeira
Achadinha
Santa Cruz
Ponta do Sol
Tabúa
Barreiros
Laranjal
Monte
Gaula
Camacha
Campanário
Ribeira Brava
Quinta Grande (Igreja)
Salão
São Roque
Fazenda
Santo António
Palheiro
Quebradas
São Gonçalo
Caniço de Baixo
Câmara de Lobos
Ponta da Atalaia
FUNCHAL
Igreja
Piornais
Ponta da Oliveira
Ponta Gorda
Reserva Natural Parcial do Garajau
Ponta do Garajau

ATLANTISCHER OZEAN
La Palma
Las Tricias
Los Tilos
San Andrés
Puntagorda
Roque de los Muchachos
Mirador del Espigón Atravesado
Caldera de Taburiente
Puntallana
Parque Nacional de la Caldera de Taburiente
Los Llanos de Aridane
Cumbre Vieja
1949
Santa Cruz de la Palma
Breña Alta
Fuencaliente de La Palma
Leuchtturm Fuencaliente
Teneriffa
Taganana
San Cristóbal de la Laguna
Tacoronte
Santa Cruz de Tenerife
Puerto de la Cruz
El Rosario
Buenavista del Norte
Icod de los Vinos
La Orotava
Candelaria
Drago Milenario
Los Realejos
Piedra de la Rosa
Güímar
Santiago del Teide
Pico del Teide
3718
Minas de San José
Puerto de Güímar
Los Gigantes
Parque Nacional del Teide
Las Cañadas del Teide
Guia de Isora
Zapato de la Reina
Poris de Abona
Adeje
Barranco del Infierno
Arona
Playa de las Américas
El Médano
Las Galletas
La Gomera
Los Órganos
Agulo
Vallehermoso
Pescante de Hermigua
Nationalpark Garajonay
El Cedro
Fortaleza de Chipude
Roque de Agando
La Calera
Mirador de Igualero
Valle Gran Rey
San Sebastián de la Gomera
Playa de Santiago
El Hierro
Guarazoca
Valverde
Charco los Sargos
Punta Arenas Blancas
Hotel Puntagrande
El Golfo
El Sabinar
La Llania
El Julan
Taibique
La Restinga

PORTO SANTO
0 3 km
N
Fucinho do Forte
Ilhéu das Cenouras
Rocha do Gasparão
Serra de Dentro
Pontinha
Camacha
Ponta do Varadouro
Urnal Grande
Serra de Fora
Ponta dos Ferreiros
Dragoal
Campo de Cima
Ponta da Galé
Vila Baleira (Porto Santo)
S. Sebastião
Lombas
Ponta da Bebeira
Pico de Ana Ferreira
283
Campo de Baixo
Ilhéu de Cima
Ponta
Ilhéu de Ferro
Ponta da Calheta
ATLANTISCHER OZEAN
Pedra Branca
Ilhéu da Cal
Ponta da Isabel
Ponta do Ilhéu
Ilhéu Chão
ILHAS DESERTAS
Ponta da Castanheira
Ponta dos Pargos
Ponta da Fajã Pequena
Ponta do Pedregal
Deserta Grande
Canto da Fajã
ATLANTISCHER OZEAN
Ponta do Taboqueiro
Ponta do Cágado
Ilha do Bugio
N
Ponta da Poca
0 3 km
Ponta da Agulha
KANARISCHE INSELN
0 15 km
N
Isla de Alegranza
Parque Natural de los Islotes del Norte de Lanzarote y de los Riscos de Famara
Isla de Montaña Clara
Isla Graciosa
Caleta del Sebo
Mirador del Río
Montaña Corona
Los Jameos del Agua
Playa de Famara
Cueva de los Verdes
La Caleta
Lapilli-Abbau El Mojón
Kaktusgarten
Teguise
Lanzarote
Montaña Colorada
Parque Nacional de Timanfaya
San Bartolomé
Costa Teguise
El Golfo
La Geria
Yaiza
Arrecife
Montaña de Guardilama
Tías
Salinas de Janubio
Playa Blanca
Playa de Papagayo
Corralejo
Isla de Lobos
Windmühlen von Lajares
Faro el Tostón
Lajares
Parque Natural de las Dunas de Corralejo
Playa de Esquinzo
Taca
La Oliva
Tindaya
Puerto de Lajas
Fuerteventura
Puerto del Rosario
Barranco de las Peñitas
Cuevas de Ajuy
Ajuy
Caleta de Fuste
Vega de Río Palmas
Tuineje
Pozo Negro
Las Playitas
La Pared
Gran Tarajal
Tarajalejo
Parque Natural de Jandía
Costa Calma
Playa de Cofete
Playa Esmeralda
Jandía
Morro Jable
Gáldar
Arucas
Las Palmas de Gran Canaria
Sta. María de Guía de Gran Canaria
Parque Tamadaba
Jardín Botánico Canario Viera y Clavijo
Mirador del Balcón
Barranco de la Aldea
Telde
Roque Nublo
San Bartolomé de Tirajana
Santa Lucía
Guayadeque
Presa del Mulato
Presa de las Niñas
Barranco de las Vacas
Agüimes
Mogán
Parque Natural de Pilancones
Gran Canaria
Maspalomas
ATLANTISCHER OZEAN

MAKING-OF

»Leave your house and dare your life.«

Diesen Satz sagte unser Guide in Uganda zu mir, als wir 2014 über den Kilembe Trail den Mount Margherita im Ruwenzori-Gebirge bestiegen. Er wurde zum Motto all meiner folgenden Reisen und Expeditionen: Verlasse dein Haus und wage das Leben. Auch bei den Touren auf den Inseln des ewigen Frühlings war mir dieses ugandische Sprichwort immer dann Ansporn, wenn es mal wieder so richtig anstrengend und unbequem wurde. Denn wenn man den Inseln ihre Geheimnisse entreißen möchte, muss man sich nicht selten abseits ausgetretener Pfade bewegen.

Zu so manchem Traumziel gibt es keinen offiziellen Trail und man muss den Weg dorthin suchen und oft die Hände aus den Taschen nehmen, um über Felsen zu steigen. Aber was tut ein Fotograf nicht alles, um einzigartige Bilder zu schießen! Weil es der Qualität diente, entschied ich mich bei den meisten Touren für meine Mittelformat-Kameras GFX 50S oder GFX 100 aus dem Hause Fujifilm, auch wenn diese nicht gerade zu den Leichtgewichten zählen und die Objektive, die den großen Sensor ausleuchten können, auch nicht als besonders expeditionsfreundlich gelten. Und wenn es dann doch mal um jedes Gramm ging, weil die Anstiege sehr steil und felsig waren, packte ich alternativ die Sony Alpha 7 R II in den Rucksack. Nicht selten waren aber auch beide Kamerasysteme mit im Gepäck.

Neben den Original-Objektiven hatte ich diverse hochklassige Canon-Linsen dabei, die mittels Adapter mit Fuji und Sony gleichermaßen verwendet werden können. »Der frühe Vogel fängt den Wurm« ist wohl nirgendwo wahrer als in der Fotografie. Obwohl hier auch bisweilen das genaue Gegenteil gilt, nämlich dass der recht späte Vogel ebenfalls fündig werden kann. Ganz früh macht man in der Tat die schönsten Shots, wenn noch niemand durchs Gelände läuft und die Sonne die Landschaft schier verzaubert. Sonnenuntergänge sind bekanntermaßen auch sehr reizvoll, vor allem wenn man einen Aufheller mitnimmt und ein Stativ benutzt. Ich hatte das Glück, dass ich mit meiner Frau praktischerweise das perfekte Model am Start hatte. Als gelernter Schauspielerin fällt es ihr nicht schwer, die richtige Figur zum passenden Motiv zu machen.

Da wir die Inseln mit unserem Wohnmobil bereisten, stand Equipment in fast unbegrenztem Umfang zur Verfügung, Platz war kein Thema. Es war toll, überall anhalten, picknicken und zur Not auch mal übernachten zu können. Außerdem verfügte das Fahrzeug über Allrad-Antrieb, und so stellten auch sogenannte 4-Wheel-Drives kein Hindernis dar.

Ich freue mich, wenn sich viele unserer Leserinnen und Leser durch dieses Buch inspiriert fühlen, die wunderbare Welt der Inseln des ewigen Frühlings zu erkunden. ■ S.N.

*» Meine Kamera ist das Auge vor dem Auge.
Sie ist der Schlüssel in der Tür zu den Dingen, die mich umgeben.
Sie lässt mich die Momente in Bilder bannen und
mitunter auch tief erleben. «*

IMPRESSUM

Verantwortlich: Carolin Buchberger, Joachim Hellmuth
Lektorat: Dr. Juliane Braun
Satz und Layout: VerlagsService Gaby Herbrecht
Korrektorat: Christine Miller
Umschlaggestaltung: Mathias Frisch
Kartografie: Huber Kartographie, Heike Block
Repro: Ludwig:media
Herstellung: Bettina Schippel
Printed in Turkey by Elma Basim

Alle Angaben dieses Werkes wurden von den Autoren sorgfältig recherchiert und auf den neuesten Stand gebracht sowie vom Verlag geprüft. Für die Richtigkeit der Angaben kann jedoch keine Haftung übernommen werden, weshalb die Nutzung auf eigene Gefahr erfolgt. Insbesondere bei GPS-Daten können Abweichungen nicht ausgeschlossen werden. Sollte dieses Werk Links auf Webseiten Dritter enthalten, so machen wir uns die Inhalte nicht zu eigen und übernehmen für die Inhalte keine Haftung.

In diesem Buch wird aus Gründen der besseren Lesbarkeit das generische Maskulinum verwendet. Weibliche und anderweitige Geschlechteridentitäten werden dabei ausdrücklich mitgemeint, soweit es für die Aussage erforderlich ist.

Textnachweis
Stefan Nimmesgern: S. 16, 19, 32–34, 43, 54–55, 63, 76–78, 85, 94–96, 109, 118–120, 129, 136–138, 145, 156–158, 171, 192–195, 201, 206, 211, 216, 220
Susanne Lipps-Breda: S. 20–23, 44–47, 64–67, 86–89, 110–113, 130–133, 146–149, 172–175, 202–203, 212–213

Bildnachweis
Alle Fotos stammen von Stefan Nimmesgern außer
S. 221: Angelika Fanai-Nimmesgern
Icon Baum: shutterstock (Arul Ara Studio)

Umschlagvorderseite:
Oben: Der Roque de Agando, eines der Wahrzeichen La Gomeras.
Unten: Blütenpracht auf der Halbinsel Ponta de São Lourenço, Madeira.
Umschlagrückseite:
Oben: Lichtspiele im dschungelartigen Wald des Nationalparks Garajonay auf La Gomera. Unten, v. l. n. r.: Der Papagayo-Strand nahe des Städtchens Playa Blanca auf La Palma. Purpurne Bromelienblüten auf Gran Canaria. Der Jardin de Cactus auf Lanzarote ist ein Werk von César Manrique.

S. 1: Der Drago de Icod de los Vinos auf Teneriffa soll 400 Jahre alt sein.
S. 222/223: Die Weinmulden von La Geria auf Lanzarote im Licht der untergehenden Sonne.

Die Deutsche Nationalbibliothek verzeichnet diese Publikation in der Deutschen Nationalbibliografie; detaillierte bibliografische Angaben sind im Internet über http://dnb.d-nb.de abrufbar.

Infanteriestraße 11a
80797 München

ISBN 978-3-95416-368-7